中华人民共和国海船船员培训大纲熟悉训练资源

信息技术与通信导航系统

（电子电气员）

大连海事大学交通运输教材研究所　组织编写

大连海事大学出版社
DALIAN MARITIME UNIVERSITY PRESS

ⓒ 大连海事大学交通运输教材研究所　2025

图书在版编目(CIP)数据

信息技术与通信导航系统：电子电气员／大连海事大学交通运输教材研究所，中国海事服务中心编．
3 版．— 大连：大连海事大学出版社，2025．6．
ISBN 978-7-5632-4714-1

Ⅰ．U675.7

中国国家版本馆 CIP 数据核字第 20253FX116 号

大连海事大学出版社出版

地址：大连市黄浦路 523 号　邮编：116026　电话：0411-84729665(营销部) 84729480(总编室)
http://press.dlmu.edu.cn　E-mail:dmupress@dlmu.edu.cn

大连天骄彩色印刷有限公司印装　　　　　　大连海事大学出版社发行
2020 年 11 月第 1 版　　2025 年 6 月第 3 版　　2025 年 6 月第 1 次印刷
幅面尺寸:184 mm×260 mm　　　字数:293 千　　　印张:11.75
出版人:余锡荣

责任编辑:杨　洋　　　　　　　　　　　　　责任校对:刘长影
封面设计:解瑶瑶　　　　　　　　　　　　　版式设计:解瑶瑶

ISBN 978-7-5632-4714-1　　　　定价:32.00 元

第 3 版
前 言

"中华人民共和国海船船员培训大纲熟悉训练资源"(以下简称"训练资源")自首版发行以来,深受广大航海教育培训机构、航运企业及海船船员的重视与欢迎。作为衔接船员培训和船员适任能力要求的重要载体,"训练资源"第1版和第2版在过去的实践中,紧密围绕海船船员培训大纲的核心要求,坚持以船员岗位能力培养为导向,为国内船员培训体系的有效实施提供了坚实支撑,已成为课堂教学与学员自学不可或缺的权威参考资料。"训练资源"结构清晰、重点突出、贴近实践,对系统掌握知识要点、顺利通过考试成效显著,在提升我国海船船员专业素养和能力方面发挥了基础性作用。

基于"训练资源"前两版的成功经验,结合教学单位、考评专家及一线船员宝贵意见,大连海事大学交通运输教材研究所启动了"训练资源"第3版的全面修订工作。本次修订严格遵循2021年《中华人民共和国海船船员培训大纲》和2022年《中华人民共和国海船船员考试大纲》的要求,秉持一贯的严谨性和实用性原则,旨在更好地服务于新形势下航海人才培养的需要。本次修订的主要特点体现在以下几个方面:

1. 内容体系的与时俱进与精准对接。密切关注行业最新发展趋势和规范要求,在严格遵循现行有效公约、国内法律法规的原则下,对教材内容进行细致的梳理、补充和更新,确保所有知识点、能力要求与现行培训大纲和考试大纲保持高度一致,强化对大纲理解深度和广度的覆盖。同时对近年来大纲中进一步强调的关键知识点和技能要求进行了着重阐释和充实。

2. 知识内涵的充实完善与深度优化。在保持原有优秀框架的同时,分别对驾驶、轮机、电子电气专业分册内容进行了系统的优化提升。结合近年来航运技术和管理实践的发展,以及对操作流程、安全要求的深入理解,修订组对相关章节进行了逻辑重构与内容深化,增加了对关键概念、基本原理和典型操作场景的更深入的解析,力求内容更加精炼、准确、易懂,更好地满足学员深度学习和能力内化的需求。同时对前两版中的表述进行了全面的规范化和精炼化处理。

3. 实践导向的持续强化与案例更新。强化训练资源的实践性和应用性特点。参考最新的事故案例分析和行业经验总结,对各类船舶实际操作情境的描述、应急处置程序以及典型设备操作要点的讲解进行了更新和细化,力求使学员能够更直观地理解抽象理论在实际工作中的应用,有效培养其分析问题、解决实际问题的职业能力。

4. 教学适用性的整体提升与交互呈现形式。充分考虑不同层次培训对象的需求和教学过程的规律,在内容组织、重点强调、互动设计等方面进行深度优化。通过合理布局章节内容、醒目展示关键要点,并融入互动元素,以交互呈现的形式,便于教师灵活授课、学员高效学习,有效提升教学实用性与资源吸引力。

新版"中华人民共和国海船船员培训大纲熟悉训练资源"包括:
《航海学》(船长/大副)(第3版)

《船舶操纵与避碰》(船长/大副)(第3版)
《船舶结构与货运》(大副)(第3版)
《航海英语》(船长/大副)(第3版)
《船舶管理》(船长/大副)(第3版)

《航海学》(二/三副)(第3版)
《船舶操纵与避碰》(二/三副)(第3版)
《船舶结构与货运》(二/三副)(第3版)
《航海英语》(二/三副)(第3版)
《船舶管理》(二/三副)(第3版)
《主推进动力装置》(大管轮)(第3版)
《船舶辅机》(大管轮)(第3版)
《船舶电气与自动化》(轮机长/大管轮)(第3版)
《船舶管理》(轮机长/大管轮)(第3版)
《轮机英语》(轮机长/大管轮)(第3版)
《船舶动力装置》(轮机长)(第3版)

《主推进动力装置》(二/三管轮)(第3版)
《船舶辅机》(二/三管轮)(第3版)
《船舶电气与自动化》(二/三管轮)(第3版)
《船舶管理》(二/三管轮)(第3版)
《轮机英语》(二/三管轮)(第3版)

《船舶电气》(电子电气员)(第3版)
《船舶机舱自动化》(电子电气员)(第3版)
《船舶管理》(电子电气员)(第3版)
《信息技术与通信导航系统》(电子电气员)(第3版)
《电子电气员英语》(电子电气员)(第3版)

新版"中华人民共和国海船船员培训大纲熟悉训练资源"一书一码,刮开封底上的贴码,用手机微信扫描二维码登录,即可享受"海大 e 出版"平台服务,可在线刷题,可组卷模拟考试,亦可扫描书中"参考答案"后的"解析"二维码获得答案解析。

本次修订工作得到了各海事管理机构、各海事院校资深教师、航运企业专家、山东中航海事技术服务有限公司的大力支持和悉心指导,他们提供了许多富有建设性的意见和建议,为本教材质量的提升提供了重要保障。在此,谨致以最诚挚的谢意!

大连海事大学交通运输教材研究所
2025 年 3 月

扫码学习《深入学习贯彻党的二十大精神　加快建设交通强国　当好中国式现代化开路先锋》

第 2 版 前 言

"中华人民共和国海船船员培训大纲熟悉训练资源"是大连海事大学交通运输教材研究所在深入解读《海船船员培训大纲》的基础上,研究中华人民共和国海事局公布的大纲训练资源,针对海船船员适任考试的特点组织编写的。自问世以来,受到广大考生的一致好评。

为有效履行《1978年海员培训、发证和值班标准国际公约马尼拉修正案》,进一步规范海船船员的培训、发证工作,提高培训质量,提升海员业务素质,交通运输部于2021年发布了《海船船员培训大纲(2021版)》,对海船船员的适任要求,培训的理论知识、实践技能,评价标准及学时等做出了详细规定。为实施高素质船员队伍建设,进一步提升海船船员适任能力,加强考试管理,根据《中华人民共和国海船船员适任考试和发证规则》和《海船船员培训大纲(2021版)》,中华人民共和国海事局编制了《海船船员考试大纲(2022版)》并于2022年7月发布。

为了更加有效地帮助考生理解和掌握《海船船员培训大纲(2021版)》《海船船员考试大纲(2022版)》的要求,大连海事大学交通运输教材研究所在"中华人民共和国海船船员培训大纲熟悉训练资源"的基础上,对照大纲,对变化较大的驾驶专业、轮机专业、电子电气专业分册的内容进行了有益的增减,并对训练资源的部分内容进行了解析。新版"中华人民共和国海船船员培训大纲熟悉训练资源"更贴近海船船员适任考试实际,紧密结合我国有关海船船员职业培训的最新规定,针对性强,实用性强,知识点全面,易于学员学习、理解,是海船船员参加适任考试、培训必不可少的参考书。

新版"中华人民共和国海船船员培训大纲熟悉训练资源"包括:

《航海学》(船长/大副)(第2版)

《船舶操纵与避碰》(船长/大副)(第2版)

《船舶结构与货运》(大副)(第2版)

《航海英语》(船长/大副)(第2版)

《船舶管理》(船长/大副)(第2版)

《航海学》(二/三副)(第2版)

《船舶操纵与避碰》(二/三副)(第2版)

《船舶结构与货运》(二/三副)(第2版)

《航海英语》(二/三副)(第2版)

《船舶管理》(二/三副)(第2版)

《主推进动力装置》(大管轮)(第2版)

《船舶辅机》(大管轮)(第2版)

《船舶电气与自动化》(轮机长/大管轮)(第2版)

《船舶管理》(轮机长/大管轮)(第2版)

《轮机英语》(轮机长/大管轮)(第2版)

《船舶动力装置》(轮机长)(第2版)

《主推进动力装置》(二/三管轮)(第2版)

《船舶辅机》(二/三管轮)(第2版)

《船舶电气与自动化》(二/三管轮)(第2版)

《船舶管理》(二/三管轮)(第2版)

《轮机英语》(二/三管轮)(第2版)

《船舶电气》(电子电气员)(第2版)

《船舶机舱自动化》(电子电气员)(第2版)

《船舶管理》(电子电气员)(第2版)

《信息技术与通信导航系统》(电子电气员)(第2版)

《电子电气员英语》(电子电气员)(第2版)

新版"中华人民共和国海船船员培训大纲熟悉训练资源"一书一码，刮开封底上的贴码，手机微信扫描二维码登录，即可享受"海大e出版"平台服务，可在线刷题，可组卷模拟考试，亦可扫描书中"参考答案"后的"解析"二维码获得答案解析。

新版"中华人民共和国海船船员培训大纲熟悉训练资源"的出版和编写得到了各海事管理机构、航海院校培训机构、航运企业的关心和帮助，特致谢意。

大连海事大学交通运输教材研究所

2022年12月

第 1 版 前 言

为有效履行《1978年海员培训、发证和值班标准国际公约》,进一步规范海船船员的培训、发证工作,提高培训质量,提升海员业务素质,交通运输部颁布了《中华人民共和国海船船员适任考试和发证规则》(以下简称"20规则"),并发布《中华人民共和国海事局关于印发〈中华人民共和国海船船员适任考试和发证规则实施办法〉的通知》。通知指出:"'20规则'第二十九条规定的适任考试按照《海船船员培训大纲》确定的适任标准和内容实施。"

为更加有效地配合海船船员适任考试培训,帮助考生顺利通过考试,大连海事大学交通运输教材研究所在深入解读《海船船员培训大纲》的基础上,研究部海事局公布的大纲训练资源,针对海船船员适任考试的特点,组织编写了"中华人民共和国海船船员培训大纲熟悉训练资源"(以下简称"训练资源")。

"训练资源"涵盖了各航区、各船舶等级、各部门的海船船员,所有专业、职级的考试内容,包括:

《航海学》(船长/大副)　　　　　　　《航海学》(二/三副)
《船舶操纵与避碰》(船长/大副)　　　《船舶操纵与避碰》(二/三副)
《船舶结构与货运》(大副)　　　　　　《船舶结构与货运》(二/三副)
《航海英语》(船长/大副)　　　　　　《航海英语》(二/三副)
《船舶管理》(船长/大副)　　　　　　《船舶管理》(二/三副)
《GMDSS综合业务》
《GMDSS英语阅读》
《主推进动力装置》(大管轮)　　　　　《主推进动力装置》(二/三管轮)
《船舶辅机》(大管轮)　　　　　　　　《船舶辅机》(二/三管轮)
《船舶电气与自动化》(轮机长/大管轮)　《船舶电气与自动化》(二/三管轮)
《船舶管理》(轮机长/大管轮)　　　　《船舶管理》(二/三管轮)
《轮机英语》(轮机长/大管轮)　　　　《轮机英语》(二/三管轮)
《船舶动力装置》(轮机长)
《船长/驾驶员训练指南》(未满500总吨)
《轮机长/大管轮训练指南》(未满750 kW)　《二/三管轮训练指南》(未满750 kW)

《船舶电气》(电子电气员)
《船舶机舱自动化》(电子电气员)
《船舶管理》(电子电气员)
《信息技术与通信导航系统》(电子电气员)
《电子电气员英语》(电子电气员)

《水手业务》
《机工业务》
《电子技工业务》

《基本安全》
《精通救生艇筏和救助艇、精通快速救助艇、高级消防》
《船舶医疗》
《船舶保安》

《油船和化学品船货物操作》
《液化气船货物操作》
《客船船员特殊培训》
《大型船舶操纵特殊培训》
《高速船船员特殊培训》
《船舶装载危险和有害物质作业》
《使用气体或其他低闪点燃料船舶》
《极地水域船舶操作》

"训练资源"具有针对性强、实用性强的特点,是海船船员参加适任考试、培训必不可少的参考书。

"训练资源"的出版,得到了中国海事服务中心的大力支持,在此表示感谢。在"训练资源"的编写过程中得到了各海事管理机构、航海院校、海员培训机构、航运企业等单位的关心和帮助,特致谢意。

大连海事大学交通运输教材研究所
2020 年 12 月

目 录

第一章 数字电子技术 ... 1
- 第一节 数制与码制 ... 1
- 第二节 基本逻辑和复合逻辑 ... 5
- 第三节 逻辑门电路 ... 12
- 第四节 逻辑代数及组合逻辑电路 ... 14
- 第五节 组合逻辑电路 ... 15
- 第六节 RS 触发器和 T、D 触发器 ... 20
- 第七节 RAM/ROM ... 24
- 第八节 施密特触发器 ... 25
- 第九节 模数转换和数模转换 ... 26
- 参考答案 ... 28

第二章 模拟电子技术 ... 31
- 第一节 半导体 ... 31
- 第二节 二极管 ... 33
- 第三节 单相半波和桥式整流电路 ... 36
- 第四节 滤波电路和稳压电路 ... 39
- 第五节 三极管 ... 41
- 第六节 三极管基本放大电路 ... 45
- 第七节 FET 结构和特点 ... 49
- 第八节 温度对半导体的影响 ... 51
- 第九节 集成运算放大器 ... 53
- 第十节 运算放大器 ... 58
- 第十一节 反馈放大电路的分析方法 ... 69
- 第十二节 三端集成稳压器 ... 71
- 参考答案 ... 72

第三章 船上专用计算机系统 ... 74
- 第一节 IBS ... 74
- 第二节 航行数据记录仪 ... 76
- 参考答案 ... 78

第四章 船舶内部通信系统 ... 79
- 第一节 自动电话系统 ... 79
- 第二节 应急声力电话系统 ... 82
- 第三节 公共广播系统 ... 88

参考答案 ·· 91

第五章 驾驶台航行设备的维护和修理 ·· 93
第一节 雷达 ·· 93
第二节 全球导航卫星系统 ·· 114
第三节 AIS 系统及接口知识 ··· 117
第四节 惯性导航系统 ·· 119
第五节 船舶罗经设备 ·· 120
第六节 船用计程仪 ··· 129
第七节 测深系统 ·· 132
第八节 航行数据记录仪 ··· 134
参考答案 ·· 135

第六章 船舶通信系统的维护和修理 ·· 138
第一节 电磁波 ·· 138
第二节 GMDSS 概述 ·· 142
第三节 Inmarsat 通信系统 ··· 147
第四节 MF/HF 组合电台 ··· 155
第五节 船用 VHF 与 VHF-DSC 通信设备 ································ 160
第六节 NAVTEX 与气象传真机 ··· 163
第七节 无线电救生设备、S-EPIRB 与 SART ···························· 166
第八节 电台的识别 ··· 169
第九节 船舶通信天线 ·· 170
第十节 GMDSS 备用电源 ·· 174
第十一节 其他通信技术 ··· 177
参考答案 ·· 177

第一章
数字电子技术

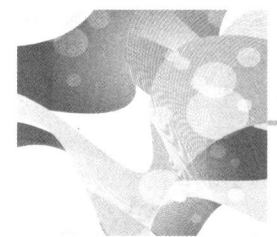

第一节　数制与码制

1. 十进制数 255 转换成二进制数是_____。
   A. 11111111B   B. 11111011B
   C. 01111111B   D. 11001111B
2. 同进制的两个数,20H 与 20D 相比,数值上_____。
   A. 前者大   B. 后者大
   C. 无法比   D. 一样大
3. 下列数中,最大的数是_____。
   A. $(65)_8$ B. $(111010)_2$
   C. $(57)_{10}$ D. $(3D)_{16}$
4. 与十进制数 39.75 等值的二进制数是_____。
   A. 100111.01   B. 100110.11
   C. 111100.11   D. 100111.11
5. 与二进制数 1001111 等值的十进制数是_____。
   A. 97   B. 15.14
   C. 83   D. 79
6. 数字电路中机器识别和常用的数制是_____。
   A. 二进制   B. 八进制
   C. 十进制   D. 十六进制
7. 将十进制数 23 转换为二进制数是_____。
   A. 11011   B. 10110
   C. 11001   D. 10111
8. 十进制数 100 对应的二进制数为_____。
   A. 1011110   B. 1100010
   C. 1100100   D. 11000100
9. 以下码制当中,属于有权码的是_____。
   A. 8421 码、5421 码、2421 码   B. 余 3 码、格雷码、5421 码

C. 8421码、格雷码、5421码 D. 余3码、5421码、2421码

10. 一位十六进制数可以用_____位二进制数来表示。
    A. 1 B. 2
    C. 4 D. 16

11. 要表示十进制数的十个数码需二进制数码的位数至少为_____。
    A. 2位 B. 3位
    C. 4位 D. 5位

12. 十六进制数AB,转换为十进制数是_____。
    A. 17 B. 57
    C. 170 D. 171

13. 下列数中最大的数是_____。
    A. $(100101110)_2$ B. $(12F)_{16}$
    C. $(301)_{10}$ D. $(454)_8$

14. 将二进制数$(11110.11)_2$转化为十进制数为_____。
    A. 28.75 B. 29.25
    C. 30.11 D. 30.75

15. 下列_____与其他三个进制数不相等。
    A. $(1100011.011)_2$ B. $(143.3)_8$
    C. $(2568.76)_{10}$ D. $(63.6)_{16}$

16. 将十进制数0.625转换成二进制数为_____。
    A. $(101)_2$ B. $(0.101)_2$
    C. $(0.011)_2$ D. $(111)_2$

17. 关于编码的相关说法,不正确的是_____。
    A. 在数字系统中为使二进制码表示更多的信息,把若干个0和1按一定规律编排在一起,组成不同的代码,并赋予每一个代码固定的含义,叫作编码
    B. 码制就是编制代码所遵循的规则
    C. 用四位二进制码来表示十进制码的方法称为二十进制编码,即BCD码
    D. 8421码是无权码

18. 下列编码属于有权码的是_____。
    ①8421码;②5421码;③2421码;④余3码;⑤格雷码
    A. ①②③ B. ②③④⑤
    C. ①③④⑤ D. ②④⑤

19. 若仅输入变量全为1时,输出才为1,则输出与输入的关系应该是_____。
    A. 或 B. 与非
    C. 异或 D. 与门

20. 在如图所示的电路中,表示的逻辑关系为_____。

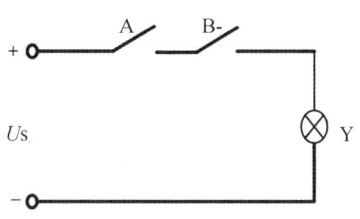

A. 或门 B. 与非
C. 与门 D. 异或

21. 在如图所示的电路中,表示的逻辑关系应该是_____。

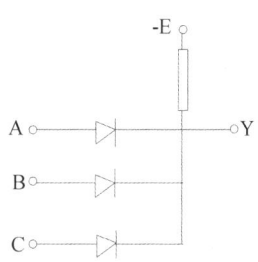

A. 或门 B. 与非
C. 与门 D. 异或

22. 在如图所示的电路中,表达的逻辑关系应该是_____。

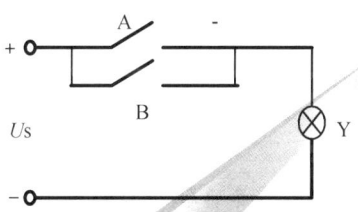

A. 或门 B. 与非
C. 与门 D. 异或

23. 起到反相器作用的电路,应该是_____。

A. 与门 B. 与非门
C. 非门 D. 或门

24. 如图所示,可以完成的是_____逻辑电路。

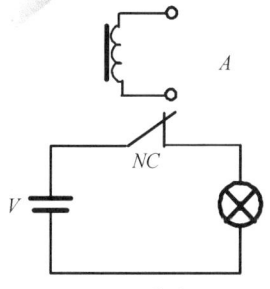

A. 与门 B. 非门
C. 异或门 D. 或门

25. 逻辑或 A+B 也可以用 $\overline{A}$, $\overline{B}$ 的_____门逻辑来实现。
   A. 与   B. 或
   C. 非   D. 与非

26. 测试两输入与非门电路时,其中一个输入端接地,其输出即为_____。
   A. 逻辑 1   B. 逻辑 0
   C. 不确定   D. 高阻态

27. 异或门实现的逻辑功能是_____。
   A. 输入全 1,输出全 1   B. 输入全 0,输出全 1
   C. 输入不同时,输出为 1   D. 输入不同时,输出为 0

28. 正逻辑的与门电路,相当于负逻辑的_____电路。
   A. 或非门   B. 与非门
   C. 或门   D. 与门

29. _____是无权码,而且两个任意相邻此码之间只有一位不同,其余各位都相同。
   A. 8421 码   B. 5421 码
   C. 余 3 码   D. 格雷码

30. 将二进制数 $(110101.011)_2$ 转换为十进制数,下列结果正确的是_____。
   A. 53.375   B. 51.75
   C. 45.25   D. 57.875

31. 二进制数 111010.11 转换成十六进制数是_____。
   A. 3ACH   B. 3A.CH
   C. 3A3H   D. 3A.3H

32. 以下码制中,属于无权码的是_____。
   ①8421 码;②5421 码;③2421 码;④余 3 码;⑤格雷码
   A. ①②③   B. ②④⑤
   C. ④⑤   D. ①②③④

33. 二进制数 $(110101.011)_2$ 转换为十进制数是_____。
   A. 53.375   B. 55.75
   C. 45.25   D. 58.875

34. 下列各进制数最大的是_____。
   A. $(62)_8$ B. $(4E)_{16}$
   C. $(111010)_2$ D. $(58)_{10}$

35. 二进制数 $(1001101.100111)_2$ 转换成十六进制数是_____。
   A. $(4D.9C)_{16}$ B. $(4E.8C)_{16}$
   C. $(45.9C)_{16}$ D. $(4D.8C)_{16}$

36. 下列各进制数最小的是_____。
   A. $(100101010)_2$ B. $(266)_8$
   C. $(96)_{16}$ D. $(128)_{10}$

37. 十六进制数 F15.6 相应的二进制数为_____。

A. 1111 0001 0101. 0110   B. 1111 0010 0101. 0110
C. 1111 0100 1010. 0110   D. 1111 1000 1010. 0110

38. A 和 B 为两个十进制数，如果要用 4 位带符号的二进制数表示（A+B）的计算结果，会出现溢出的情况为_____。

A. A=3 和 B=-6   B. A=-3 和 B=6
C. A=4 和 B=-2   D. A=-3 和 B=-6

第二节　基本逻辑和复合逻辑

1. 仅当全部输入均为 1 时，输出才为 1，否则输出为 0，这种逻辑关系称为_____逻辑。

   A. 与   B. 或
   C. 非   D. 与非

2. 逻辑表达式 $Y=AB$ 可以用一个_____实现。

   A. 与门   B. 或门
   C. 非门   D. 与非门

3. 某工作电压为 5 V 的 CMOS 与门电路，两个输入电压分别是 0.3 V、3.8 V，则其输出逻辑状态是_____。

   A. 0   B. 1
   C. 0 V   D. 1 V

4. 图示电路表示的由电阻和二极管构成的门电路是_____门。

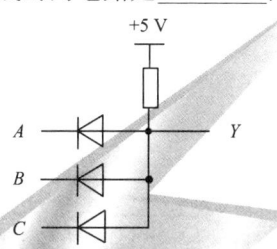

   A. 与   B. 或
   C. 与非   D. 非或

5. "有 0 出 0，全 1 出 1"，具有此种意义的逻辑门是_____。

   A. 与门   B. 或门
   C. 非门   D. 异或门

6. 在_____的情况下，"与"运算的结果是逻辑 1。

   A. 全部输入是 1   B. 全部输入是 0
   C. 任一输入是 0   D. 仅一输入是

7. 已知某二变量输入逻辑门的输入 A、B 及输出 Y 的波形如图所示，则此门是_____。

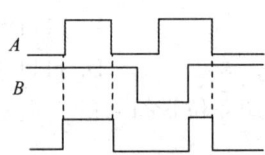

A. 与非门 B. 或非门
C. 与门 D. 异或门

8. _____ 的逻辑表达式是 $Y=AB$。

A. 与门 B. 或门
C. 非门 D. 与非门

9. 已知输入 A、B 和输出 Y 的波形如图所示,Y 与 AB 的逻辑关系为_____。

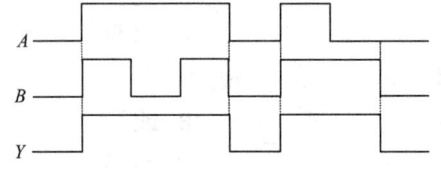

A. 与 B. 或
C. 非 D. 与非

10. 下列逻辑符号中,是或门的有_____。

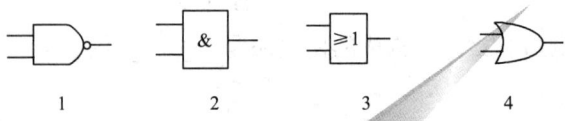

A. 1、2 B. 2、3
C. 1、3 D. 3、4

11. 图示逻辑门电路的逻辑函数表达式为_____。

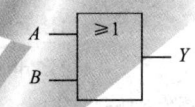

A. $Y=AB$ B. $Y=\overline{AB}$
C. $Y=A+B$ D. $Y=\overline{A+B}$

12. 图示组合逻辑电路的逻辑函数表达式为_____。

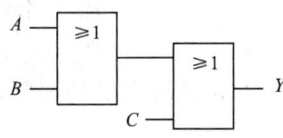

A. $Y=ABC$ B. $Y=\overline{ABC}$
C. $Y=A+B+C$ D. $Y=\overline{A+B+C}$

13. 如图所示为一门电路的输入、输出波形图,其中 A 和 B 为输入信号,L 为输出信号。请问该门电路是_____。

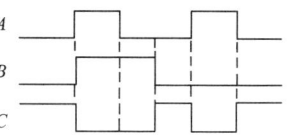

  A. 与非门   B. 或非门

  C. 异或门   D. 同或门

14. "或"逻辑运算结果为"0"的条件是该或项的变量_____。

  A. 全部输入 1   B. 仅一个输入 1

  C. 任一个输入 1   D. 全部输入 0

15. 一个输入为 3 的或门,其输出为 0 的输入变量取值组合有_____种。

  A. 1   B. 3

  C. 4   D. 7

16. "输入 1 输出 0,输入 0 输出 1"的逻辑运算属于_____。

  A. 与运算   B. 或运算

  C. 非运算   D. 与非运算

17. 某工作电压为 5 V 的 CMOS 非门电路,输入端电压为 0.3 V,输出端电压约为 0.0 V,则推断不可能的是_____。

  A. 该电路工作正常   B. 该门电路工作电源出现故障

  C. 该门电路输出被短路   D. 该门电路内部输出断路

18. 图示组合逻辑电路的逻辑函数表达式为_____。

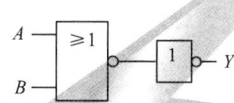

  A. $Y=AB$ B. $Y=\overline{AB}$

  C. $Y=A+B$ D. $Y=\overline{A+B}$

19. 图示组合逻辑电路的逻辑函数表达式为_____。

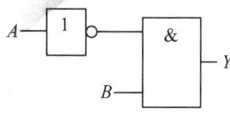

  A. $Y=AB$ B. $Y=\overline{AB}$

  C. $Y=A+B$ D. $Y=\overline{A+B}$

20. _____可以作为反相器使用。

  A. 与门   B. 非门

  C. 异或门   D. 与非门

21. 在基本逻辑电路中,只有当所有输入均为"0"时,输出是"1"的是_____。
    A. 非门 B. 或门
    C. 或非门 D. 与非门

22. 逻辑图和输入 A 的波形如图所示,输出 F 的波形为_____。

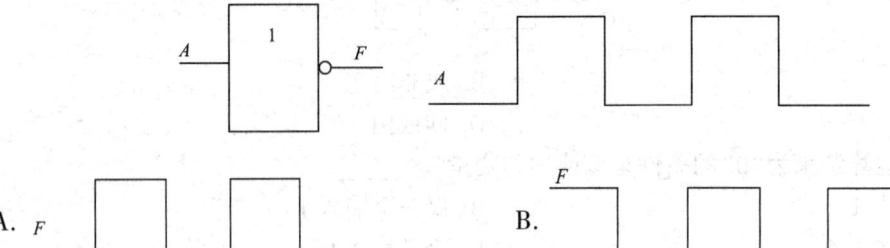

23. 图_____电路能够实现非运算 $Y=\bar{A}$。

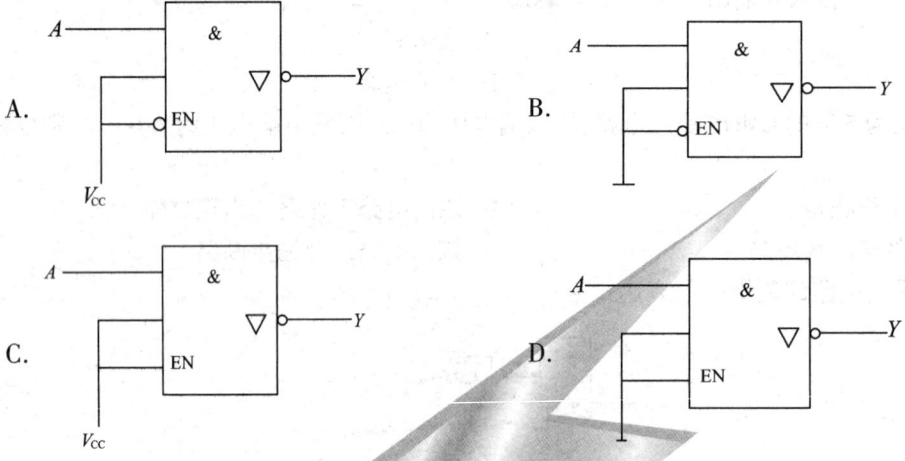

24. 在_____的情况下,"与非"运算的结果是逻辑 0。
    A. 全部输入是 1 B. 全部输入是 0
    C. 任一输入是 0 D. 仅一输入是 0

25. TTL 与非门的多余输入端不应该_____。
    A. 接地 B. 接电源
    C. 与有用的输入端并接在一起 D. 悬空

26. 下列逻辑符号中,是与非门的是_____。

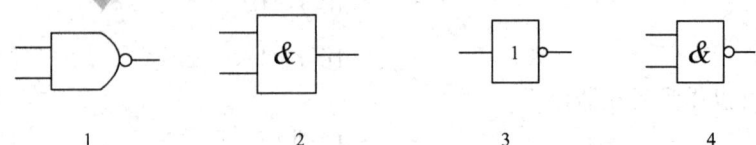

A. 1、2 B. 2、3

C. 1、3 D. 1、4

27. 测试某与非门电路时,只将其中一输入端的引脚接地而不管其他引脚状态,则正常情况下该电路的输出应是_____。
   A. 逻辑 1 B. 逻辑 0
   C. 不能确定,与其他引脚状态有关 D. 高阻态

28. 下式中与非门表达式为_____。
   A. $Y=A+B$ B. $Y=AB$
   C. $Y=\overline{A+B}$ D. $Y=\overline{AB}$

29. 逻辑电路如图所示,函数式为_____。

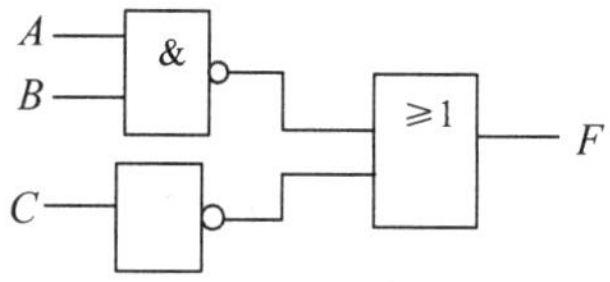

   A. $F=\overline{\overline{AB}+C}$ B. $F=\overline{AB}+C$
   C. $F=\overline{AB+\overline{C}}$ D. $F=A+\overline{BC}$

30. 逻辑电路如图所示,当输入 $A=0$,B 为正弦波时,输出 F 应为_____。

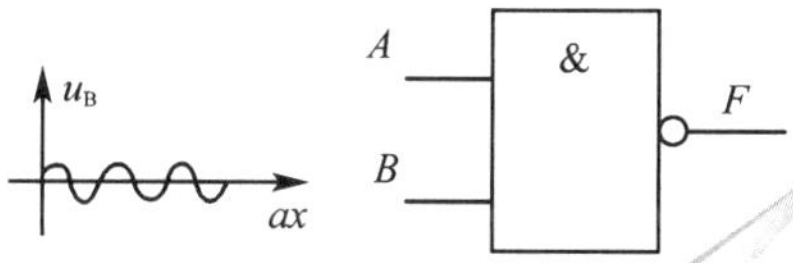

   A. "1" B. "0"
   C. 正弦波 D. 余弦波

31. 连续 86 个 1 异或,其结果是_____。
   A. 1 B. 0
   C. 86 D. 2^{86}

32. 如图所示为 74LS 系列的 TTL 门电路,其输出 Y 的表达式为_____。 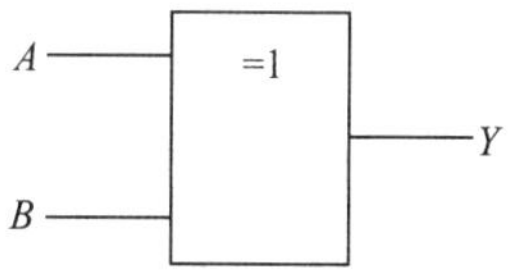
   A. $A \cdot B$ B. $A+B$
   C. $A \oplus B$ D. $A \odot B$

33. 异或门实现的逻辑功能是_____。
   A. 输入全 1,输出全 1 B. 输入全 0,输出全 1
   C. 输入不同时,输出为 1 D. 输入不同时,输出为 0

34. 相同为"0"不同为"1",它的逻辑关系是_____。
   A. 或逻辑 B. 与逻辑
   C. 异或逻辑 D. 非逻辑

35. 连续 1 986 个 1 异或,其结果是_____。
   A. 1 986 B. 2

C. 0   D. 1

36. 连续 2 018 个 1 异或,其结果是_____。
    A. 1   B. 0
    C. 2018   D. 2^{2018}

37. 连续 N 个 1 异或,当 N 为奇数时,其结果为_____,当 N 为偶数时,其结果是_____。
    A. 1;0   B. 0;0
    C. 0;1   D. 2^{N-1};2^N

38. 三态门输出高阻态时,_____是正确的说法。
    A. 输出端与地之间电流较大   B. 相当于悬空
    C. 电压不高不低   D. 输出端对地电阻为 0

39. 为实现数据传输的总线结构,要选用_____门电路。
    A. 或非   B. 与非
    C. 三态   D. 与或非

40. 下列逻辑符号中,属于三态输出的非门的是_____。

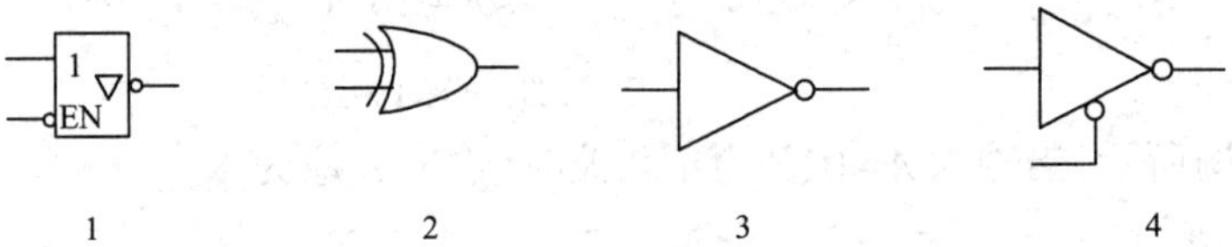

    1　　　2　　　3　　　4

    A. 1、2、3   B. 2、3
    C. 1、3、4   D. 1、4

41. 如果三态与非门使能端有效,其输入为逻辑 0,则正常工作时该电路的输出应为_____。
    A. 1   B. 0
    C. 高阻态   D. 不能确定

42. 如图所示三态门电路对应的逻辑关系为_____。

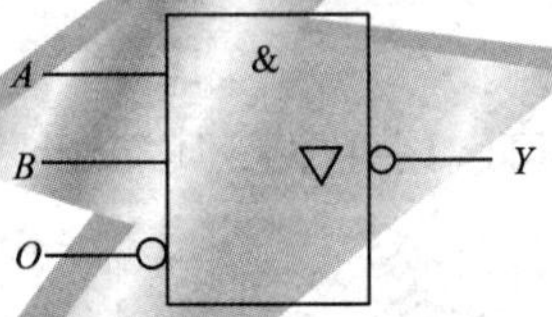

    A. $Y=\overline{A+B}$ B. $Y=\overline{A \cdot B}$
    C. $Y=A \cdot B$ D. $Y=A+B$

43. 三态输出与非门电路如图所示,已知其输出端 $Y=0$,则其输入端 A、B、E 的状态分别为_____。

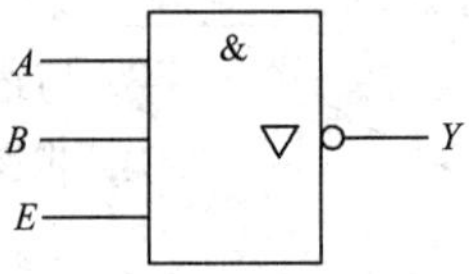

    A. 0、0、0   B. 0、1、0

C. 1、0、1　　　　　　　　　　　D. 1、1、1

44. 当三态门输出高阻状态时,输出电阻为_____。
   A. 无穷大　　　　　　　　　　B. 无穷小
   C. 约 100 Ω　　　　　　　　　D. 约 10 Ω

45. 负逻辑是指_____。
   A. 高电平用逻辑 1 表示,低电平用逻辑 0 表示
   B. 高电平用逻辑 0 表示,低电平用逻辑 1 表示
   C. 0 V 用逻辑 0 表示,5 V 用逻辑 1 表示
   D. 0 V 用逻辑 1 表示,5 V 用逻辑 0 表示

46. 关于负逻辑,说法不正确的是_____。
   A. 一般如果没有特别说明,都是指正逻辑
   B. 正逻辑体制的与非逻辑可与负逻辑的或非逻辑互换
   C. 正逻辑和负逻辑两种体制牵涉逻辑电路本身结构的问题
   D. 无论是采用正逻辑还是负逻辑,电路输入、输出的电平关系不变

47. 负逻辑电路中的"0"表示_____。
   A. 高电平　　　　　　　　　　B. 低电平
   C. 数字 0　　　　　　　　　　D. 数字 1

48. 负逻辑的与逻辑关系等效于正逻辑的_____。
   A. 或逻辑关系　　　　　　　　B. 与非逻辑关系
   C. 异或逻辑关系　　　　　　　D. 与逻辑关系

49. 某个逻辑门电路的输入 A、B 和输出 F 关系如表所示,其中 H 代表高电平,L 代表低电平,如果采用负逻辑体制则该逻辑门表示_____。

A	B	F
L	L	H
L	H	H
H	L	H
H	H	L

   A. 或非逻辑关系　　　　　　　B. 与非逻辑关系
   C. 与逻辑关系　　　　　　　　D. 或逻辑关系

50. 某个逻辑门电路的输入 A、B 和输出 F 如表所示,其中 H 代表高电平,L 代表低电平,如果采用正逻辑体制则该逻辑门表示_____。

A	B	F
L	L	L
L	H	L
H	L	L
H	H	H

   A. 或非逻辑关系　　　　　　　B. 与非逻辑关系

C. 与逻辑关系　　　　　　　　　　　　D. 或逻辑关系

51. 某个逻辑门电路的输入 A、B 和输出 F 如表所示,其中 H 代表高电平,L 代表低电平,如果采用负逻辑体制则该逻辑门表示_____。

A	B	F
L	L	L
L	H	L
H	L	L
H	H	H

A. 或非逻辑关系　　　　　　　　　　　B. 与非逻辑关系
C. 与逻辑关系　　　　　　　　　　　　D. 或逻辑关系

52. 正逻辑的非门相当于负逻辑的_____。
A. 或非门　　　　　　　　　　　　　　B. 与非门
C. 非门　　　　　　　　　　　　　　　D. 与门

53. 某逻辑门的两个输入分别为 A 和 B,只有当 $A=B$ 时输出才为 1,否则输出为 0,这个逻辑门为_____。
A. 同或门　　　　　　　　　　　　　　B. 或门
C. 与门　　　　　　　　　　　　　　　D. 与非门

第三节　逻辑门电路

1. 如图所示,该逻辑门电路输出端为低电平的是_____。

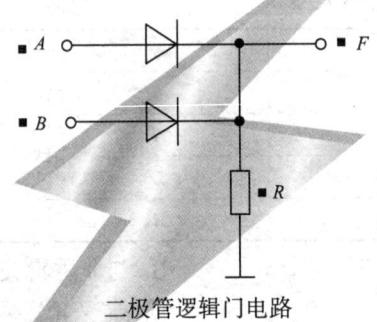

二极管逻辑门电路

A. 输入端 A 高电平,输入端 B 低电平　　B. 输入端 A 低电平,输入端 B 低电平
C. 输入端 A 低电平,输入端 B 高电平　　D. 输入端 A 高电平,输入端 B 高电平

2. 如图所示,该逻辑门电路实现的逻辑功能是_____。

第一章 数字电子技术

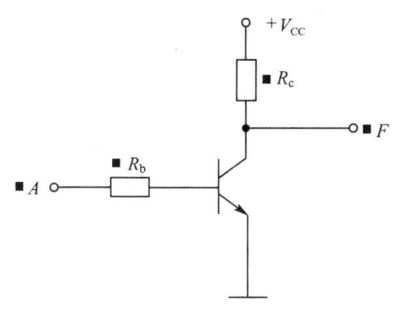

三极管逻辑门电路

A. 与门逻辑   B. 或门逻辑
C. 非门逻辑   D. 与非门逻辑

3. 某一逻辑门电路当两个输入端状态互为相反时输出高电平,状态相同时输出低电平,则此逻辑门为_____。

A. 或非门   B. 与非门
C. 异或门   D. 同或门

4. 某一逻辑门电路当两个输入端状态互为相反时输出低电平,状态相同时输出高电平,则此逻辑门为_____。

A. 或非门   B. 与非门
C. 异或门   D. 同或门

5. 如图所示,根据逻辑图和输入 A、B 的波形,分析当输出 $F=0$ 的时刻是_____。

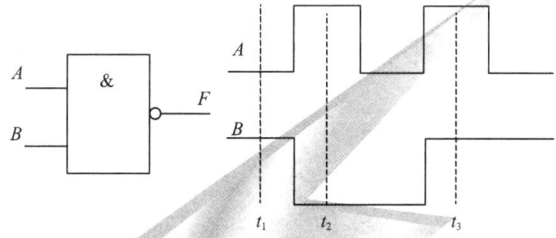

A. t_1 B. t_2
C. t_3 D. 这三个时刻 F 均不等于 0

6. 逻辑图和输入 A、B 的波形如图所示,分析当输出 $F=1$ 的时刻是_____。

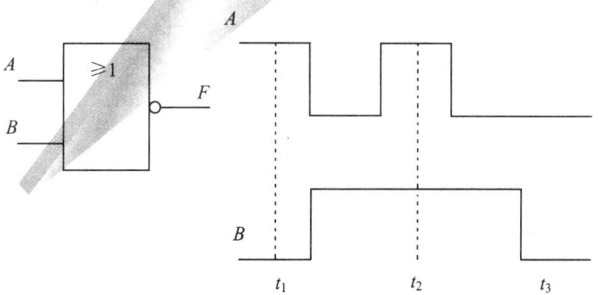

A. t_1 B. t_2
C. t_3 D. 这三个时刻 F 均不等于 0

7. 下列图中能使 F 恒为逻辑1的逻辑门是_____。

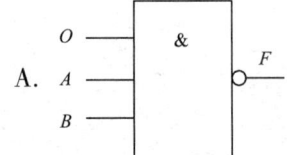
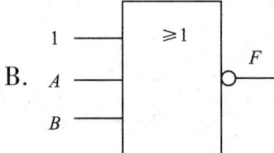

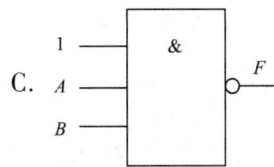
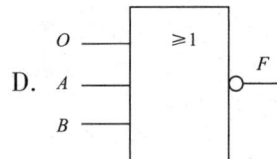

8. 常用的复合逻辑门电路有_____。
①与非门;②或非门;③异或门;④同或门;⑤与或非门
A. ①②③ B. ①②③④⑤
C. ③④⑤ D. ①②③④

9. 连续100个"0"的异或运算结果为_____。
A. 1 B. 0
C. 1 或者 0 D. 不定

第四节　逻辑代数及组合逻辑电路

1. 下列复合逻辑门符号中,可以实现 $A=B=0$ 或 $A=B=1$ 时,输出 $F=0$ 的是_____。

A. 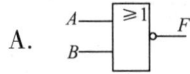 B.

C. 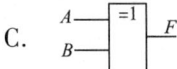 D.

2. 下列复合逻辑门符号中,可以实现 $A=0$、$B=1$ 或 $A=1$、$B=0$ 时,输出 $F=0$ 的是_____。

A. 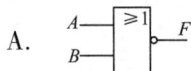 B.

C. 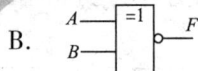 D.

3. 如图所示,该逻辑符号可以实现的逻辑功能是_____。

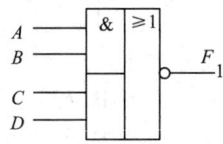

A. 与非 B. 与或非
C. 异或 D. 或非

4. 下列逻辑代数基本运算法则中,错误的是_____。
   A. $A \cdot A = A$ B. $1 + A = 1$
   C. $A + A = 1$ D. $A + \overline{A} = 1$

5. 下列逻辑代数基本运算法则中,正确的是_____。
   A. $A \cdot A = 0$ B. $A + A = 1$
   C. $A + \overline{A}B = A + B$ D. $\overline{A + B} = \overline{A} + \overline{B}$

6. 如图所示组合逻辑电路的逻辑函数表达式是_____。

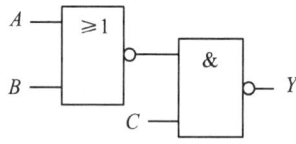

   A. $Y = ABC$ B. $Y = \overline{ABC}$
   C. $Y = \overline{(A+B)C}$ D. $Y = \overline{(A+B)}C$

7. 函数 $F = AB + BC$,使 $F = 1$ 的输入 ABC 组合为_____。
   A. $ABC = 000$ B. $ABC = 010$
   C. $ABC = 101$ D. $ABC = 110$

第五节　组合逻辑电路

1. 若一个编码器中有 80 个编码对象,则其输出二进制代码位数至少为_____位。
   A. 5 B. 6
   C. 7 D. 8

2. 下列逻辑电路中,不属于组合逻辑电路的是_____。
   A. 编码器 B. 译码器
   C. 数据选择器 D. 寄存器

3. 假设编码器有 N 的输入端(编码对象),n 个输出,其关系应该满足_____。
   A. $N \geq n$ B. $2^n \leq N$
   C. $2^n \geq N$ D. $N \leq n$

4. 逻辑状态表如图所示,能实现该功能的逻辑部件是_____。

输入	输出	
	B	A
Y_0	0	0
Y_1	0	1
Y_2	1	0
Y_3	1	1

A. 二进制译码器 B. 十进制译码器
C. 二进制编码器 D. 十进制编码器

5. 逻辑电路如图所示,由其功能判断应为_____。

A. 二进制编码器 B. 十进制编码器
C. 二进制译码器 D. 十进制译码器

6. 八输入端的编码器按二进制数编码时,输出端的个数是_____。
A. 2 B. 3
C. 4 D. 8

7. 若一个编码器中有 60 个编码对象,则其输出二进制代码位数至少为_____位。
A. 5 B. 6
C. 7 D. 8

8. 3 线-8 线译码器,有_____个地址输入端、_____个输出端。
A. 3;8 B. 8;3
C. 6;8 D. 3;11

9. 关于译码器说法不正确的是_____。
A. 2-4 译码器有 2 个输入端、4 个输出端
B. 3-8 译码器中的 3 是指输出端有 3 个
C. 译码器是组合逻辑电路
D. 译码是指将具有特定含义的二进制码转换成对应的输出信号

10. 在二进制译码器中,若输入有 4 位代码,则输出_____个信号。
A. 2 B. 4
C. 8 D. 16

11. 译码器的逻辑功能是_____。
A. 输入的二进制代码译成对应输出的二进制代码
B. 输入的高、低电平译成对应输出的二进制代码
C. 输入的高、低电平译成对应输出的高、低电平
D. 输入的二进制代码译成对应输出的高、低电平

12. 在二进制译码器中,若输入有 3 位代码,则输出_____个信号。

A. 2　　　　　　　　　　　　　　　B. 4
C. 8　　　　　　　　　　　　　　　D. 16

13. 下列译码器当中，_____不是全译码器。
   A. 2 线-4 线译码器　　　　　　　　B. 3 线-8 线译码器
   C. 4 线-16 线译码器　　　　　　　D. 4 线-10 线译码器

14. TTL 集成电路 74LS138 是 3 线-8 线译码器，译码器为输出低电平有效，若输入为 $A_2A_1A_0=101$ 时，输出 $Y_7 \sim Y_0$ 为_____。
   A. 00100000　　　　　　　　　　　B. 11011111
   C. 11110111　　　　　　　　　　　D. 00000100

15. 下列译码器为全译码器的是_____。
   ①2 线-4 线译码器；②3 线-8 线译码器；③4 线-16 线译码器；④4 线-10 线译码器
   A. ①②③　　　　　　　　　　　　B. ②③④
   C. ①③④　　　　　　　　　　　　D. ①②④

16. 关于 74138 译码器说法正确的是_____。
   A. 74138 译码器为 3 线-8 线译码器，属于部分译码器，输出为低电平有效
   B. 74138 译码器为 4 线-16 线译码器，属于部分译码器，输出为高电平有效
   C. 74138 译码器为 3 线-8 线译码器，属于全译码器，输出为低电平有效
   D. 74138 译码器为 4 线-16 线译码器，属于全译码器，输出为高电平有效

17. 如图所示，关于该译码器，下列说法正确的是_____。
   ①当 $E=1$ 时，两个译码器都禁止工作，输出全 1；②当 $E=0$，$A_3=0$ 时，高位片禁止，低位片工作，输出 $Y_0 \sim Y_7$ 由输入二进制代码 $A_2A_1A_0$ 决定；③当 $E=0$，$A_3=1$，低位片禁止，高位片工作，输出 $Y_8 \sim Y_{15}$ 由输入二进制代码 $A_2A_1A_0$ 决定；④当 $E=0$，$A_3=0$ 时，低位片禁止，高位片工作，输出 $Y_8 \sim Y_{15}$ 由输入二进制代码 $A_2A_1A_0$ 决定；⑤当 $E=0$，$A_3=1$ 时，高位片禁止，低位片工作，输出 $Y_0 \sim Y_7$ 由输入二进制代码 $A_2A_1A_0$ 决定

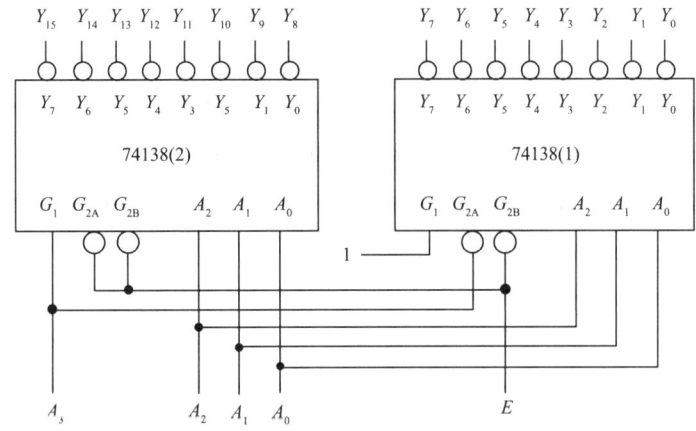

由两片 74138 扩展的 4 线-16 线译码器

   A. ①②③　　　　　　　　　　　　B. ①④⑤
   C. ②③　　　　　　　　　　　　　D. ④⑤

18. 四输入的译码器,其输出端最多为_____个。
    A. 4	B. 8
    C. 10	D. 16

19. 若用74138芯片构建4线-16线译码器,则需要_____片。
    A. 2	B. 3
    C. 4	D. 8

20. 下列不是全译码器的是_____。
    A. 2线-4线译码器	B. 5线-32线译码器
    C. 4线-14线译码器	D. 3线-8线译码器

21. 5变量输入的译码器,其输出端最多为_____个。
    A. 4	B. 8
    C. 16	D. 32

22. 如图所示为由二进制译码器组成的逻辑电路,输出Z_2等于_____。

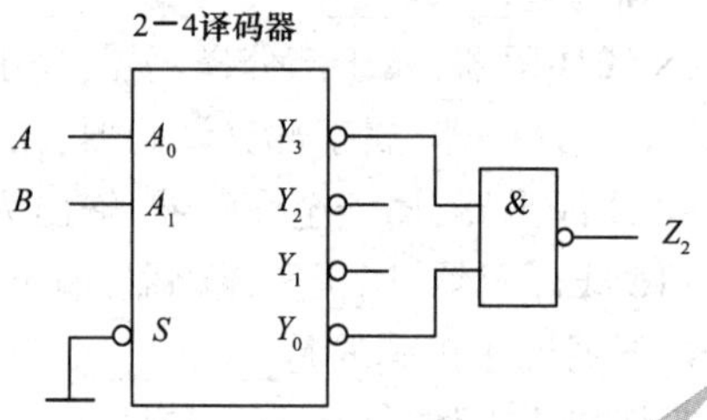

    A. $AB \cdot \overline{AB}$	B. $AB + \overline{AB}$
    C. $\overline{AB} + \overline{AB}$	D. $\overline{AB \cdot \overline{AB}}$

23. 一个数据选择器的地址输入端有3个时,最多可以有_____个数据信号输出。
    A. 4	B. 6
    C. 8	D. 16

24. 一个具有n个地址输入端的数据选择器可实现的功能是_____。
    A. n选1	B. $2n$选1
    C. 2^n-1选1	D. 2^n选1

25. CD4051芯片引脚图如图所示,当$\overline{INH}=0$,$ABC=011$时,输出S_m接通_____通道。

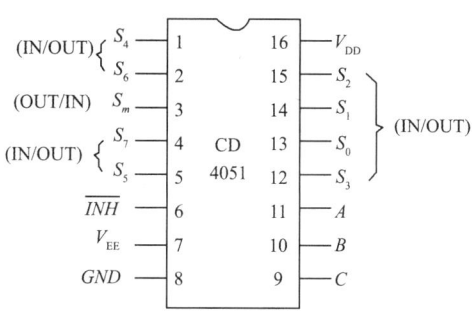

A. S_3 B. S_6
C. S_2 D. 不接通任何通道

26. CD4051 芯片引脚图如图所示,当 $\overline{INH}=0$,$ABC=001$ 时,输出 S_m 接通_____通道。

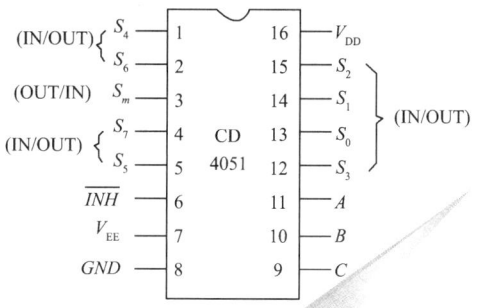

A. S_3 B. S_6
C. S_4 D. 不接通任何通道

27. _____称为多路开关。
   A. 数据选择器   B. 数据分配器
   C. 数据编码器   D. 数据译码器

28. 在数据传输过程中,能够根据需要将多路输入中的任意一路挑选出来的电路叫作_____。
   A. 数据选择器   B. 数据分配器
   C. 数据编码器   D. 数据译码器

29. 一个 16 路数据分配器,地址输入端有_____个。
   A. 1   B. 3
   C. 4   D. 8

30. 某数据选择器的地址输入端有 5 个,它最多可以有_____个数据信号输出。
   A. 5   B. 10
   C. 25   D. 32

31. 由逻辑门组成的电路如图所示,该电路的逻辑功能为_____。

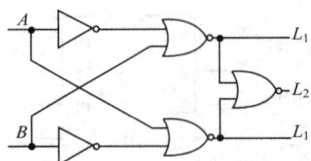

A. A 和 B 的与运算 B. A 和 B 的或运算
C. 比较 A 和 B 的大小 D. 进行 $A-B$ 的运算,并求其的补码

32. 优先编码器 CD4532 的逻辑图如图所示,如果输入端 $EI=0$,其余输入端均为 0 时,那么输出 $Y_2Y_1Y_0$ 为_____。

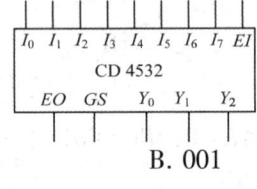

A. 000 B. 001
C. 010 D. 111

33. 由 74HC138 组成的 3 线-8 线译码器如图所示,输出端为"0"的是_____。

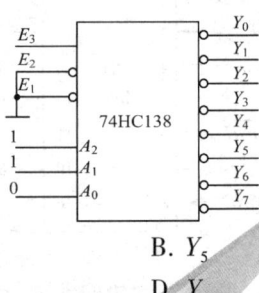

A. Y_4 B. Y_5
C. Y_6 D. Y_7

第六节 RS 触发器和 T、D 触发器

1. 触发器是由普通逻辑门电路构成的,但在功能上与普通逻辑门电路存在的最大差别是触发器具有_____。
   A. 清零功能 B. 置 1 功能
   C. 记忆保持功能 D. 驱动功能

2. 对如图所示的 RS 触发器的功能描述正确的是_____。

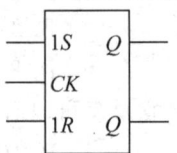

A. $S=1,R=0$ 时,$Q=1$ B. $S=1,R=0$ 时,$Q=0$
C. $S=0,R=0$ 时,Q 不确定 D. $S=0,R=1$ 时,$Q=1$

3. 对如图所示的 RS 触发器的功能描述不正确的是_____。

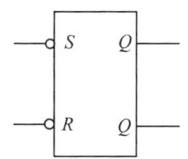

A. $S=1, R=0$ 时, $Q=1$ B. $S=0, R=1$ 时, $Q=1$
C. $S=0, R=0$ 时, Q 不确定 D. $S=1, R=1$ 时, Q 保持

4. 触发器按_____分类, 可分为 RS 触发器、JK 触发器、T 触发器和 D 触发器等类型, 如图所示触发器为_____。

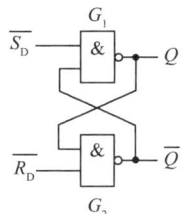

A. 逻辑功能; D 触发器 B. 电路结构; JK 触发器
C. 逻辑功能; RS 触发器 D. 电路结构; T 触发器

5. 如图所示的逻辑电路, 当 $\overline{R}_D = \overline{S}_D = 1, S = 0, R = 1$ 时, C 脉冲来到后可控 RS 触发器的新状态为_____。

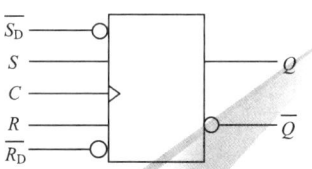

A. 0 B. 1
C. 不定 D. 与原状态相反

6. 下列触发器中, 具有"空翻"现象的是_____。
A. 同步 RS 触发器 B. 主从 RS 触发器
C. D 触发器 D. 维持阻塞 D 触发器

7. 两个与非门构成的基本 RS 触发器, 下列不属于其功能的是_____。
A. 清零 B. 置 1
C. 保持 D. 阻塞

8. 由与非门组成的基本 RS 触发器不允许输入的变量组合 $\overline{S}$-$\overline{R}$ 为_____。
A. 00 B. 01
C. 10 D. 11

9. 基本 RS 触发器电路中, 触发脉冲消失后, 其输出状态_____。
A. 恢复原状态 B. 保持现状态
C. 出现新状态 D. 不确定

10. 为避免"空翻"现象,应采用_____方式的触发器。
    A. 主从触发   B. 边沿触发
    C. 电平触发   D. 时钟触发

11. 下列关于触发器的说法,错误的是_____。
    A. 同步 RS 触发器存在空翻现象
    B. 基本 RS 触发器有 2 个逻辑输入端
    C. 边沿式 D 触发器避免了"空翻"现象
    D. 基本 RS 触发器的 Q 端状态只与输入端状态有关

12. 基本 RS 触发器,低电平有效,当 R 端为 0,S 端为 1,此时触发器实现的功能是_____。
    A. 保持原状态   B. 不稳定状态
    C. 复位   D. 置位

13. 触发器由门电路构成,但它不同于门电路功能,主要特点是_____。
    A. 具有翻转功能   B. 具有保持功能
    C. 具有记忆功能   D. 具有置"1"功能

14. RS 触发器正常工作时,输入信号必须遵守约束条件,不允许输入_____信号。
    A. $R_D=1$、$S_D=0$ B. $R_D=0$、$S_D=1$
    C. $R_D=S_D=1$ D. $R_D=S_D=0$

15. 当 RS 触发器两个输入端 $R=0$、$S=1$ 时,触发器的状态是_____。
    A. $Q=1$、$\bar{Q}=1$ B. $Q=1$、$\bar{Q}=0$
    C. $Q=0$、$\bar{Q}=1$ D. $Q=0$、$\bar{Q}=0$

16. 边沿式 D 触发器是一种_____稳态电路。
    A. 无   B. 多
    C. 单   D. 双

17. 下列逻辑符号中,属于 D 触发器的是_____。

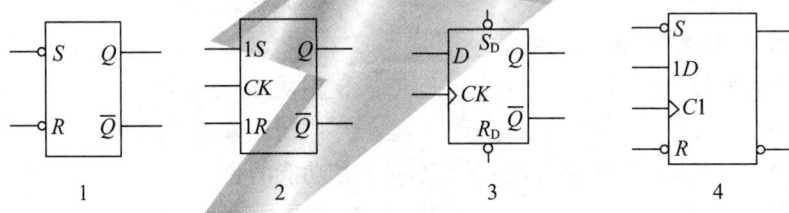

    A. 1、2   B. 2、3
    C. 1、3   D. 3、4

18. 对于如图所示的 D 触发器,其功能描述不正确的是_____。

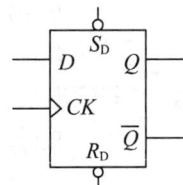

A. 当 $S_D = 0$ 时，$Q = 1$
B. 当 $D = 1$ 时，CK 上输入触发脉冲就会使 $Q = 1$
C. CK 上没有触发脉冲时 Q 状态保持不变
D. 图示中复位端是高电平有效

19. D 触发器的特性方程为_____。
    A. $Q^{n+1} = D$ B. $Q^n = D$
    C. $Q^{n+1} = D^{n+1}$ D. $Q = D^{n+1}$

20. D 触发器的功能是_____。
    A. 翻转、置"0"   B. 保持、置"1"
    C. 置"1"、置"0"   D. 翻转、保持

21. 关于 D 触发器，下列说法错误的是_____。
    A. D 触发器的特性方程为：$Q_{n+1} = D$
    B. 触发器的触发翻转发生在时钟脉冲的触发沿
    C. R_D 和 S_D 的作用主要是用来给触发器设置初始状态，都为低电平有效
    D. R_D 和 S_D 信号不受时钟信号 CP 的制约，具有最高的优先级，两者同时有效时，输出状态维持不变

22. 关于 D 触发器，下列说法错误的是_____。
    A. 触发器的触发翻转发生在时钟脉冲的触发沿
    B. 判断触发器次态的依据是时钟脉冲触发沿前一瞬间输入端的状态
    C. R_D 和 S_D 的作用主要是用来给触发器设置初始状态，都为高电平有效
    D. R_D 和 S_D 信号不受时钟信号 CP 的制约，具有最高的优先级

23. 下图_____是 T 触发器的逻辑符号。

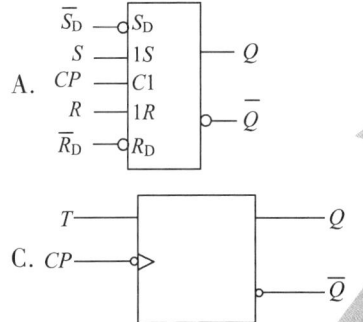
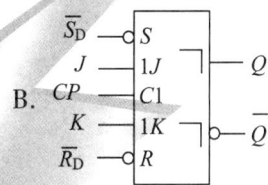
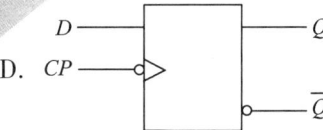

24. 对于 T 触发器，原态 $Q_n = 0$，若使现态 $Q_{n+1} = 1$，应使输入 $T =$ _____。
    A. 0   B. 1
    C. Q D. CP

25. 对于 D 触发器，欲使 $Q^{n+1} = Q^n$，应使输入 $D =$ _____。
    A. 0   B. 1
    C. Q D. $\overline{Q}$

26. 只有"保持"和"计数"逻辑功能的触发器为_____。

A. RS 触发器 B. D 触发器
C. JK 触发器 D. T 触发器

27. 如图所示逻辑电路由 D 触发器组成,此电路的逻辑功能为_____。

A. 置"0" B. 置"1"
C. 复位 D. 计数

28. 锁存器为对_____敏感的存储电路,触发器为对_____敏感的存储电路。
A. 脉冲电平;脉冲边沿 B. 脉冲边沿;脉冲电平
C. 脉冲电平;脉冲电平 D. 脉冲边沿;脉冲边沿

第七节 RAM/ROM

1. EEPROM 是指_____。
   A. 随机读写存储器 B. 只读存储器
   C. 可擦可编程只读存储器 D. 电可擦可编程只读存储器

2. 随机存取存储器(RAM)中的内容,当电源断掉后又接通,存储器中的内容_____。
   A. 全部改变 B. 全部为 1
   C. 不确定 D. 保持不变

3. 只读存储器(ROM)在运行时具有_____功能。
   A. 读/无写 B. 无读/写
   C. 读/写 D. 无读/无写

4. 需要定时刷新的芯片是_____。
   A. 动态 RAM B. 静态 RAM
   C. PROM D. EEPROM

5. 随机存取存储器(RAM)具有哪项功能?_____。
   A. 可以构成数模转换器
   B. 随时可根据地址线上的地址读写单元内的数据
   C. 失去电源后其内部存储的数据仍可保存
   D. 不可多次改写单元内的数据

6. 存储器容量的扩展方式有字扩展方式和_____方式。
   A. 位扩展 B. 字节扩展
   C. 片选线扩展 D. 译码器扩展

7. 只能按地址读出信息,而不能写入信息的存储器为_____。
   A. RAM B. ROM

C. EEPROM D. EPROM

8. 关于存储器的叙述,正确的是_____。
   A. 存储器是随机存储器和只读存储器的总称
   B. 存储器是计算机上的一种输入输出设备
   C. 计算机停电时随机存储器中的数据不会丢失
   D. ROM 都是可读也可写的

9. 只读存储器(ROM)是由_____组成的。
   ①存储阵列;②地址译码器;③输出控制电路;④片选控制;⑤输入/输出控制
   A. ①②③ B. ①②③⑤
   C. ①②④⑤ D. ①②③④⑤

10. 随机存储器(RAM)是由_____组成的。
    ①存储矩阵;②地址译码器;③读写控制器;④片选控制;⑤输入/输出控制
    A. ①②③④ B. ①②③⑤
    C. ①②④⑤ D. ①②③④⑤

11. 关于 RAM 的说法,下列错误的是_____。
    A. RAM 可分为静态 RAM 和动态 RAM
    B. 静态 RAM 中的存储单元是一个触发器,有 0、1 两个稳态
    C. 动态 RAM 是利用电容器存储电荷来保存 0 或 1 的,需定时对其存储单元刷新
    D. RAM 中存储的数据不会因为断电而消失

12. 根据是否允许用户对 ROM 写入数据,可将 ROM 分为_____和_____。
    A. 固定 ROM;可编程 ROM B. 一次可编程 ROM;光可擦除可编程 ROM
    C. 掩膜 ROM;闪烁存储器 D. 静态 ROM;掩膜 ROM

13. RAM 容量扩展可采用_____。
    ①位扩展;②字扩展;③位和字同时扩展
    A. ②③ B. ①③
    C. ①② D. ①②③

第八节　施密特触发器

1. 施密特触发器不具有的特性是_____。
   A. 波形变换 B. 脉冲波的整形
   C. 脉冲鉴幅 D. 能自动产生脉冲信号

2. 关于施密特触发器,以下说法错误的是_____。
   A. 电路有两种稳定状态,其状态的维持和转换完全取决于外加触发信号
   B. 不同于比较器,施密特触发器有两个临界电压且形成一个滞后区,可以防止在滞后范围内的噪声干扰,所以电路抗干扰能力强
   C. 状态翻转时有正反馈过程,因此输出的矩形脉冲边沿陡峭
   D. 电路有两个阀值电压,其状态与输入电压有关,且具有记忆功能

3. 施密特触发器可应用于_____。
①波形变换；②脉冲波的整形；③脉冲鉴幅；④自动产生脉冲信号
A. ①②③　　　　　　　　　　　　B. ①②④
C. ①③④　　　　　　　　　　　　D. ①②③④

4. 关于施密特触发器，说法正确的是_____。
①电路有两种稳定状态，其状态的维持和转换完全取决于外加触发信号；②不同于比较器，施密特触发器有两个临界电压且形成一个滞后区，可以防止在滞后范围内的噪声干扰，所以电路抗干扰能力强；③状态翻转时有正反馈过程，因此输出的矩形脉冲边沿陡峭；④电路有两个阀值电压，其状态与输入电压有关，且具有记忆功能
A. ①②③　　　　　　　　　　　　B. ①②
C. ①③④　　　　　　　　　　　　D. ①②③④

5. 单稳态触发器具有的特性是_____。
①脉冲定时；②脉冲整形；③脉冲延时；④脉冲鉴幅
A. ①②③　　　　　　　　　　　　B. ①②④
C. ①③④　　　　　　　　　　　　D. ①②③④

第九节　模数转换和数模转换

1. 实现数模转换功能的电路叫作数模转换器，简称为_____。
A. DAC　　　　　　　　　　　　　B. ADC
C. CAD　　　　　　　　　　　　　D. DLA

2. 对于 D/A 转换，下列说法错误的是_____。
A. 在 D/A 转换电路中，数字量的位数越多，分辨输出最小电压的能力就越强
B. 在 D/A 转换电路中，数字量的位数越多，D/A 转换的精度就越高
C. 在 D/A 转换电路中，输出模拟电压的数值与输入的数字量成正比
D. 在 D/A 转换电路中，最大输出电压的绝对值可达到基准电压 V_{REF}

3. D/A 转换是_____。
A. 将数字量转变成模拟量　　　　　B. 将模拟量转变成数字量
C. 将二进制转换成十进制　　　　　D. 将电压转换成电流

4. 某 D/A 转换器的参考电压为 5.0 V，输入数字量位数为 8 位，如果此时输入数字量大小为 64，则输出模拟量大约是_____。
A. 1.25 V　　　　　　　　　　　　B. 2.5 V
C. 1.28 V　　　　　　　　　　　　D. 3.2 V

5. 计算机扬声器实现音频的输出，最主要的是在输出端用了_____。
A. D/A 转换器　　　　　　　　　　B. A/D 转换器
C. 编码器　　　　　　　　　　　　D. 译码器

6. 8 位 D/A 转换器当输入数字量只有最低位为 1 时，输出电压为 0.02 V，若输入数字量只有最高位为 1 时，则输出电压为_____。

A. 0.64 V　　　　　　　　　　　B. 1.28 V
C. 2.56 V　　　　　　　　　　　D. 5.12 V

7. D/A 转换器的位数越多,能够分辨的最小输出电压变化量就_____。
   A. 越小　　　　　　　　　　　B. 越大
   C. 无变化　　　　　　　　　　D. 不一定

8. D/A 转换器的主要技术指标有_____。
   ①分辨率;②转换误差;③转换速度;④温度系数
   A. ①②③　　　　　　　　　　B. ①③④
   C. ①②④　　　　　　　　　　D. ①②③④

9. D/A 转换器的作用是_____。
   A. 数字信号转换成模拟信号　　B. 模拟信号转换成数字信号
   C. 信号放大　　　　　　　　　D. 信号延迟

10. 为使采样输出信号不失真地代表输入模拟信号,采样频率 f_s 和输入模拟信号的最高频率 f_{Imax} 的关系是_____。
    A. $f_s \geq f_{Imax}$　　　　　　　　　B. $f_s \leq f_{Imax}$
    C. $f_s \geq 2f_{Imax}$　　　　　　　　D. $f_s \leq 2f_{Imax}$

11. A/D 转换是_____。
    A. 将数字量转变成模拟量　　　B. 将模拟量转变成数字量
    C. 将二进制转换成十进制　　　D. 将电压转换成电流

12. 某 A/D 转换器参考电压为 5.0 V,假设输入 2.5 V,输出数字量为 8 位,则输出数字量大约是_____。
    A. FFH　　　　　　　　　　　B. 7FH
    C. 64　　　　　　　　　　　　D. 255

13. 在 A/D、D/A 转换器中,衡量转换器的转换精度常用的参数是_____。
    A. 分辨率　　　　　　　　　　B. 分辨率和转换误差
    C. 转换误差　　　　　　　　　D. 参考电压

14. 模数转换器输出二进制数的位数越多,转换精度越_____。
    A. 高　　　　　　　　　　　　B. 低
    C. 无影响　　　　　　　　　　D. 不确定

15. 以下 4 种转换器,_____是 A/D 转换器且转换速度最高。
    A. 并联比较型　　　　　　　　B. 逐次逼近型
    C. 双积分型　　　　　　　　　D. 施密特触发器

16. 下列 A/D 转换器类型中,转换位数相同时转换速度最慢的是_____。
    A. 并行比较型　　　　　　　　B. 逐次逼近型
    C. 双积分型　　　　　　　　　D. 不能确定

17. 在 A/D 转换中,如果输入模拟的信号最高频率为 100 Hz,则_____取样频率会在 A/D 转换过程中造成信号失真。
    A. 50 Hz　　　　　　　　　　　B. 220 Hz

C. 400 Hz   D. 300 Hz

18. 12 位 A/D 转换器的分辨率是_____。
    A. 1/12   B. 1/4 096
    C. 1/256   D. 1/512

19. 关于个人网上语音聊天过程,叙述正确的是_____。
    A. 将自己的声音传给对方要用到 A/D 转换,从本机听到对方传来的声音要用到 D/A 转换
    B. 将自己的声音传给对方要用到 D/A 转换,从本机听到对方传来的声音要用到 A/D 转换
    C. 将自己的声音传给对方、从本机听到对方传来的声音都要用到 A/D 转换
    D. 将自己的声音传给对方、从本机听到对方传来的声音都要用到 D/A 转换

20. A/D 转换的主要步骤是采样、_____、量化及_____。
    A. 保持;编码   B. 编码;保持
    C. 分辨;编码   D. 编码;分辨

21. ADC 的转换精度取决于_____。
    A. 分辨率   B. 转换速度
    C. 分辨率和转换速度 D. 相对转换精度

22. 在各种类型的 8 位 A/D 转换器中,转换速度最快的 A/D 转换器是_____。
    A. 并行比较型   B. 逐次逼近型
    C. 计数型   D. 双积分型

第一节　数制与码制

1. A	2. A	3. D	4. D	5. D	6. A	7. D	8. C	9. A	10. C
11. C	12. D	13. B	14. D	15. C	16. B	17. D	18. A	19. D	20. C
21. A	22. C	23. C	24. B	25. C	26. A	27. C	28. C	29. C	30. A
31. B	32. C	33. A	34. B	35. A	36. D	37. A	38. D		

第二节　基本逻辑和复合逻辑

1. A	2. A	3. A	4. A	5. A	6. A	7. C	8. A	9. B	10. D
11. C	12. C	13. B	14. C	15. A	16. C	17. A	18. C	19. B	20. B
21. C	22. B	23. C	24. A	25. C	26. D	27. A	28. D	29. A	30. A
31. B	32. C	33. C	34. C	35. C	36. C	37. A	38. B	39. C	40. D
41. A	42. B	43. D	44. A	45. B	46. C	47. A	48. A	49. A	50. C
51. D	52. B	53. A							

第三节　逻辑门电路

1. B　2. C　3. C　4. D　5. C　6. C　7. A　8. B　9. B

第四节　逻辑代数及组合逻辑电路

1. C　2. B　3. B　4. C　5. C　6. C　7. D

第五节　组合逻辑电路

1. C　2. D　3. C　4. C　5. A　6. B　7. B　8. A　9. B　10. D
11. D　12. C　13. D　14. B　15. A　16. C　17. A　18. D　19. A　20. C
21. D　22. B　23. C　24. D　25. B　26. C　27. A　28. A　29. C　30. D
31. C　32. A　33. C

第六节　RS 触发器和 T、D 触发器

1. C　2. A　3. A　4. C　5. A　6. A　7. D　8. A　9. B　10. B
11. D　12. C　13. C　14. C　15. B　16. D　17. D　18. D　19. A　20. D
21. D　22. C　23. C　24. B　25. C　26. D　27. D　28. A

第七节　RAM/ROM

1. D　2. C　3. A　4. A　5. B　6. A　7. B　8. A　9. A　10. D
11. D　12. A　13. D

第八节　施密特触发器

1. D　2. D　3. A　4. A　5. A

第九节　模数转换和数模转换

1. A　2. D　3. A　4. A　5. A　6. C　7. A　8. D　9. A　10. C
11. B　12. B　13. B　14. A　15. A　16. C　17. A　18. B　19. A　20. A
21. A　22. A

第二章 模拟电子技术

第一节 半导体

1. 关于PN结,下列说法错误的是_____。
   A. 由P型和N型半导体通过一定的方式结合而成
   B. PN结的基本特性——单向导电性,只有在外加电压时才能显现出来
   C. PN结加正向电压时,电阻值很小,PN结导通
   D. PN结加反向电压时,反向电流值很大,PN结截止

2. 关于本征半导体,下列说法错误的是_____。
   A. 本征半导体是纯净的具有晶体结构的半导体
   B. 本征半导体导电能力很弱
   C. 本征半导体硅或者锗中掺入五价元素(比如磷),则变为N型半导体
   D. 在P型半导体中,自由电子是多数载流子,空穴则是少数载流子

3. 在本征半导体中掺入某些适当微量元素后,若以空穴导电为主的称为_____,若以自由电子导电为主的称为_____。
   A. PNP型半导体;NPN型半导体   B. NPN型半导体;PNP型半导体
   C. P型半导体;N型半导体   D. N型半导体;P型半导体

4. N型半导体是在本征半导体中掺入微量的_____元素构成的。
   A. 三价   B. 四价
   C. 五价   D. 六价

5. 在P型半导体中,多数载流子是_____。
   A. 自由电子   B. 空穴
   C. 离子   D. 杂质

6. 在N型半导体中,多数载流子是_____。
   A. 自由电子   B. 空穴
   C. 离子   D. 杂质

7. P型半导体是在本征半导体中加入微量的_____元素构成的。
   A. 三价   B. 四价

C. 五价 D. 六价

8. 下列关于 P 型或 N 型半导体说法正确的是_____。
   A. 在硅或锗的晶体中掺入五价元素形成 N 型半导体,也称为空穴半导体
   B. 在硅或锗的晶体中掺入五价元素形成 N 型半导体,也称为电子半导体
   C. 在硅或锗的晶体中掺入五价元素形成 P 型半导体,也称为空穴半导体
   D. 在硅或锗的晶体中掺入三价元素形成 P 型半导体,也称为电子半导体

9. PN 结是构成各种半导体器件的基础,其主要特性是_____。
   A. 具有放大特性 B. 具有单向导电性
   C. 具有改变电压特性 D. 具有增强内电场特性

10. 以空穴导电为主的半导体称为_____型半导体,以自由电子导电为主的半导体称为_____型半导体。
    A. PNP;NPN B. NPN;PNP
    C. P;N D. N;P

11. 在杂质半导体中多数载流子的浓度主要取决于_____。
    A. 温度 B. 掺杂工艺
    C. 杂质浓度和体积 D. 晶体缺陷和大小

12. 关于半导体 PN 结主要特性,说法错误的是_____。
    A. 具有电流放大或缩小特性 B. 具有正向导通特性
    C. 具有反向截止特性 D. 具有内电场特性

13. N 型半导体是在本征半导体中掺入微量的_____价元素构成的。
    A. 二 B. 三
    C. 四 D. 五

14. P 型半导体是在本征半导体中加入_____后形成的杂质半导体。
    A. 三价元素硼 B. 三价元素锑
    C. 四价元素硼 D. 五价元素锑

15. PN 结加正向电压时,电阻很小;PN 结加反向电压时,电阻很大,这就是 PN 结的_____。
    A. 开关特性 B. 单向导电性
    C. 反向导电性 D. 正向击穿性

16. PN 结一般由 P 型半导体和 N 型半导体通过一定方式结合而成,其本征半导体多采用_____作为原材料。
    A. 四价元素硅 B. 四价元素锗
    C. 五价元素磷 D. 六价元素硫

17. 下列哪一种情况二极管的单向导电性好?_____。
    A. 正向电阻小、反向电阻大 B. 正向电阻大、反向电阻小
    C. 正向电阻反向电阻都是 0 D. 正向电阻反向电阻都是无穷大

18. 可以利用二极管的_____组成整流电路。
    A. 反向特性 B. 单向导电性

C. 正向击穿特性 D. 反向截止特性

19. 硅二极管导通后,其管压降是恒定的,且不随电流而改变,典型值为_____V。
   A. 0.2~0.3 B. 0.5
   C. 0.7 D. 0.9

20. 二极管由正向导通到反向截止的时间称为恢复时间。因此,二极管的反向恢复时间_____,工作频率_____。
   A. 越长;越高 B. 越短;越低
   C. 无论长短;都不变 D. 越短;越高

第二节　二极管

1. 二极管有硅管、锗管,它们是根据二极管的_____进行分类的。
   A. 结构 B. 用途
   C. 材料 D. 伏安特性

2. 二极管按照材料来分类,可分为_____。
   A. 硅二极管和锗二极管 B. 锗二极管和合金二极管
   C. 硅二极管和陶瓷材料二极管 D. 硅二极管、陶瓷材料二极管、锗二极管

3. 关于二极管和稳压二极管,下列说法错误的是_____。
   A. 普通二极管的反向击穿是不可逆的,稳压二极管的反向击穿是可逆的
   B. 去掉稳压二极管的反向击穿电压后,稳压二极管仍能恢复原来的特性
   C. 普通二极管一旦被反向击穿,此管子就被损坏,无法恢复其原来特性
   D. 普通二极管和稳压管一样都可以作为稳压管使用,并且可以到达相同的稳压效果

4. 若用万用表测二极管的正、反向电阻的方法来判断二极管的好坏,好的管子应为_____。
   A. 正、反向电阻相等 B. 正向电阻大,反向电阻小
   C. 反向电阻比正向电阻大很多倍 D. 正、反向电阻都等于无穷大

5. 二极管的_____表明其单向导电性好。
   A. 正向电阻小,反向电阻大 B. 正向电阻大,反向电阻小
   C. 正向电阻、反向电阻都小 D. 正向电阻、反向电阻都大

6. 二极管的主要特性是_____。
   A. 放大特性 B. 恒温特性
   C. 单向导电特性 D. 恒流特性

7. 关于半导体二极管的伏安特性,下列说法错误的是_____。
   A. 当二极管完全导通后,二极管正向导通压降基本维持不变
   B. 正向电流无限制地增大后会造成 PN 结严重发热而烧毁管子
   C. 外加反向电压在一定范围内时,反向电流基本上维持不变,与反向电压的数值没有关系
   D. 普通二极管发生反向击穿后,不会造成损坏,仍可继续使用

8. 死区电压的大小与二极管的材料有关,并受环境温度影响,通常锗管死区电压为_____。

A. 0.1~0.3 V B. 0.5~0.8 V
C. 1.0~1.3 V D. 1.5~1.8 V

9. 用模拟万用表的欧姆挡测量二极管,测量两次,其中测得电阻值较小的那次,其红笔对应的是二极管的_____。
   A. 阴极 B. 阳极
   C. 不确定 D. 基极

10. 二极管按照结构来分,可分为_____。
    A. 硅二极管和锗二极管
    B. 光电子器件、肖特基二极管、齐纳二极管和普通二极管
    C. 整流二极管和电力二极管
    D. 点接触型二极管和面接触型二极管

11. 当二极管承受正向电压小于某一数值时还不足以克服 PN 结内电场对多数载流子运动的阻挡作用,这一区段二极管正向电流很小,接近0,称为_____。
    A. 单向导通 B. 死区
    C. 击穿 D. 外特性

12. 根据结构的不同,二极管分为_____。
    A. 点接触型二极管、面接触型二极管 B. 锗二极管、硅二极管
    C. 普通二极管、特殊二极管 D. 整流二极管、稳压二极管

13. 二极管一般不具有_____功能。
    A. 稳压 B. 滤波
    C. 信号分流限幅 D. 整流

14. 稳压二极管的稳压功能是利用以下_____实现的。
    A. 具有结电容,而电容具有平滑波形作用的特性
    B. PN 结的单向导电性
    C. PN 结的反向击穿特性
    D. PN 结的正向导通特性

15. 电容效应非常小、工作速度快、适合用于高频整流电流的二极管是_____。
    A. 齐纳二极管 B. 肖特基二极管
    C. 变容二极管 D. 发光二极管

16. 硅二极管的正向导通压降大约是_____。
    A. 0.7 V B. 0.2 V
    C. 0.3 V D. 1.4 V

17. 对于二极管来说,以下说法错误的是_____。
    A. 正向电阻很小
    B. 反向电阻很大
    C. 无论加多大的反向电压,都不会导通
    D. 所加正向电压大于死区电压时,二极管才真正导通

18. 稳压二极管是一个可逆击穿二极管,稳压时工作在_____状态,其两端电压必须_____它的稳压值 U_z,否则处于截止状态。
    A. 正向导通;大于   B. 正向导通;小于
    C. 反向击穿;大于   D. 反向击穿;小于

19. 当温度升高时,二极管的反向饱和电流将_____。
    A. 增大   B. 减小
    C. 不变   D. 不确定

20. 稳压二极管的正常工作状态是_____。
    A. 导通状态   B. 截止状态
    C. 反向击穿状态   D. 任意状态

21. 下列_____情况表明二极管的单向导电性能好。
    A. 正向电阻小,反向电阻大   B. 正向电阻大,反向电阻小
    C. 正向电阻、反向电阻都小   D. 正向电阻、反向电阻都大

22. 常用的硅二极管的死区电压是_____V。
    A. 0.1   B. 0.2
    C. 0.5   D. 0.7

23. 当二极管完全导通后,二极管两端的电压基本维持不变,关于这个电压说法正确的是_____。
    A. 称为二极管的正向导通压降   B. 称为二极管的死区电压
    C. 硅管的这个电压一般为 0.2~0.3 V   D. 锗管的这个电压一般为 0.6~0.8 V

24. 关于半导体二极管的主要参数,下列说法不正确的是_____。
    A. 最大整流电流:管子长期运行时,允许通过的最大正向平均电流
    B. 正向压降:二极管正向导通后的压降,一般情况,硅管的正向压降为 0.2 V 左右
    C. 反向电流:指管子未击穿时的反向电流,这个值越小,管子的单向导电性越好
    D. 极间电容:PN 结存在扩散电容和势垒电容,极间电容是反映二极管中 PN 结电容效应的参数,它是扩散电容和势垒电容之和

25. 二极管由正向导通到反向截止的时间称为反向恢复时间。反向恢复时间_____,工作频率_____。
    A. 越短;越高   B. 越长;越高
    C. 越短;越低   D. 无论长短,都不变

26. 半导体二极管的主要参数有_____。
    ①最大整流电流;②反向击穿电压;③反向电流;④极间电容;⑤反向恢复时间;⑥正向压降
    A. ①②③⑤⑥   B. ①②③④⑤⑥
    C. ①②③⑥   D. ②③⑤⑥

27. 反映二极管的单向导电性能好坏的参数是_____。
    A. 正向压降   B. 反向电流
    C. 反向击穿电压   D. 反向恢复时间

28. 为了保证二极管在使用时不被反向击穿,在电气手册上给出的二极管最高反向工作电压大

约为反向击穿电压的_____。
   A. 一半   B. 1 倍
   C. 2 倍   D. 3 倍

29. 采用模拟万用表的欧姆挡检测二极管的极性,一般使用_____挡位,这是为了防止_____。
   A. $R \times 1$ k;过压反向击穿二极管   B. $R \times 1$ k;二极管导通时正向电流过大而烧坏
   C. $R \times 10$;过压反向击穿二极管   D. $R \times 10$;二极管导通时正向电流过大而烧坏

30. 半导体二极管的主要参数有_____。
   ①最大整流电流和极间电容;②反向击穿电压和反向电流;③正向压降和反向恢复时间;
   ④最长工作时间
   A. ①②   B. ①②③
   C. ②③   D. ①②③④

31. _____的大小反映了二极管单向导电性的好坏。
   A. 极间电容   B. 反向电流
   C. 最大整流电流   D. 反向恢复时间

32. 在开关稳压电路中,当调整管断开时,存储于储能元件中的电流通过二级管向负载 RL 提供能量,我们称此二极管为_____。
   A. 钳位二极管   B. 稳压二极管
   C. 保护二极管   D. 续流二极管

第三节　单相半波和桥式整流电路

1. 工作速度快、适合于高频整流电路的二极管是_____。
   A. 齐纳二极管   B. 肖特基二极管
   C. 变容二极管   D. 发光二极管

2. 单相桥式整流(全桥)电路中,假设为纯电阻性负载,如果其中某个整流二极管断路了,输出直流电压的变化是平均值_____。
   A. 降低一半   B. 降低四分之一
   C. 不变   D. 升高

3. 同单相半波整流电路相比,桥式整流电路的主要优点是_____。
   A. 电路结构简单   B. 输出直流平均电流大
   C. 二极管承受的反向电压小   D. 使用二极管数量少

4. 单相半波整流电路副边电压有效值为 U,则整流电压的平均值为_____。
   A. $0.3U$ B. $0.45U$
   C. $0.6U$ D. $0.67U$

5. 整流电路如图所示,输入电压 $U = \sqrt{2}U\sin\omega t$,输出电压 U_0 的波形是_____。

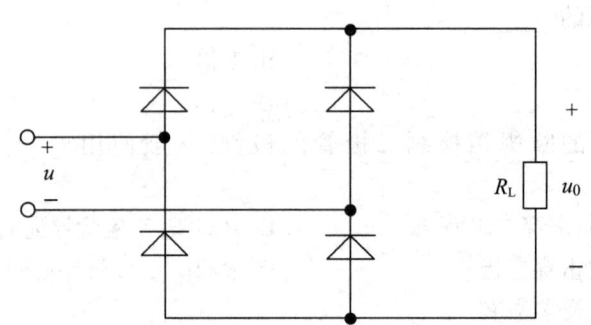

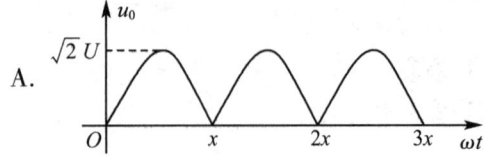
A.

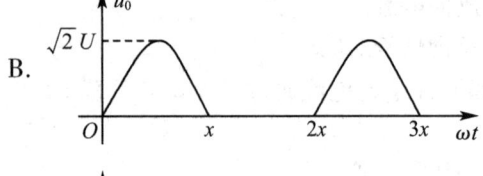
B.

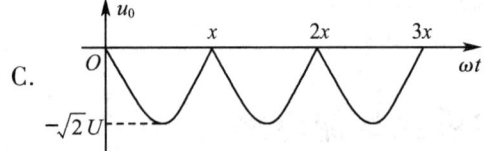
C.

D. 波形无法确定

6. 单相全波整流电路如图所示,该电路负载上输出平均电压为_____。

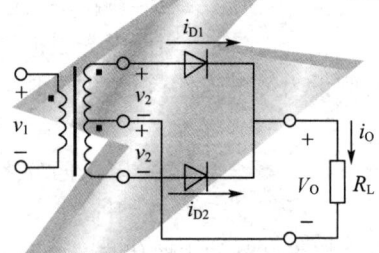

A. $V_o = 0.45V_2$ B. $V_o = \sqrt{2}V_2$
C. $V_o = 0.9V_2$ D. $V_o = 2\sqrt{2}V_2$

7. 在单相桥式整流电路中,如果负载电流为 15 A,则流过每只整流晶体二极管的电流为_____。

A. 30 A B. 7.5 A
C. 15 A D. 20 A

8. 将交流电变换为脉动直流电的电路称为_____。

A. 整流电路 B. 滤波电路

C. 稳压电路　　　　　　　　　　D. 放大电路
9. 整流的目的是_____。
   A. 将交流变为直流　　　　　　B. 将高频变为低频
   C. 将正弦波变为方波　　　　　D. 将正弦波变为三角波
10. 在单相桥式整流电路中,如果流过每只整流晶体二极管的电流为 5 A,则负载电流为_____。
    A. 10 A　　　　　　　　　　　B. 25 A
    C. 2.5 A　　　　　　　　　　 D. 4.5 A
11. 在小功率(1 kW 以下)整流电路中,常见的几种整流电路有_____。
    A. 单相半波、全波、桥式整流电路　　　B. 全波、桥式和倍压整流电路
    C. 单相半波和桥式整流电路　　　　　　D. 单相半波、全波、桥式和倍压整流电路
12. 一个具有整流变压器、电容滤波器、稳压管的全波整流电路发生故障,经示波器观察波形如图所示,可能的故障是_____。

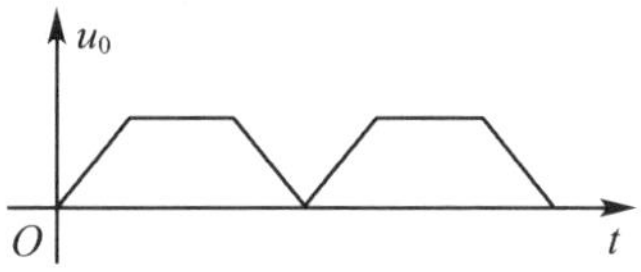

    A. 整流变压器引线线　　　　　B. 电容滤波器引线断
    C. 稳压管引线断　　　　　　　D. 整流二极管引线断
13. 单相桥式整流(全桥)电路中,假设为纯电阻性负载,加上电容滤波后,输出直流电压的变化是_____。
    A. 电压波形平滑些,电压值会变大些　　B. 电压波形平滑些,电压值会变小些
    C. 电压波形不变,电压值会变小些　　　D. 电压波形不变,电压值会变大些
14. 为实现从交流电源到直流稳压电源转换,一般要顺序地经历_____。
    A. 整流电路、整流变压器、稳压环节、滤波环节
    B. 整流变压器、整流电路、稳压环节、滤波环节
    C. 整流变压器、整流电路、滤波环节、稳压环节
    D. 稳压环节、整流变压器、整流电路、滤波环节
15. 正弦电流经过二极管整流后的波形为_____。
    A. 矩形方波　　　　　　　　　B. 等腰三角波
    C. 正弦半波　　　　　　　　　D. 仍为正弦波
16. 在单相桥式整流电路中,若其中一只整流管接反,则_____。
    A. 输出电压约为原输出电压的 2 倍
    B. 输出电压约为原输出电压的一半
    C. 整流管将因电流过大而烧坏
    D. 输出电压约为原输出电压的 1 倍
17. 在变压器副边电压和负载电阻相同的情况下,桥式整流电路的输出电压是半波整流电路输出电压的_____倍。

A. 0.5　　　　　　　　　　　　　B. 1
C. 1.5　　　　　　　　　　　　　D. 2

18. 单相全波整流电路中,如果负载电流为 10 A,则流过每只整流晶体二极管的电流是_____。
    A. 5 A　　　　　　　　　　　　B. 10 A
    C. 15 A　　　　　　　　　　　 D. 2.5 A

19. 单相全波整流电路副边电压有效值为 U,则整流晶体二极管承受的反向最大电压约为_____。
    A. 1.2 U　　　　　　　　　　　B. 1.4 U
    C. 2 U　　　　　　　　　　　 D. 2.8 U

第四节　滤波电路和稳压电路

1. 有两只硅型稳压管,其稳定电压分别为 8 V 和 7.5 V,将其串联接入电路,测得其总稳压值为 1.4 V,这是因为_____。
   A. 两个管子的电源极性均接对了
   B. 两个管子的电源极性均接错了
   C. 7.5 V 稳压管的极性接对了,8 V 的接错了
   D. 8 V 稳压管的极性接对了,7.5 V 的接错了

2. 电容滤波器是根据电容器的端电压不能_____的原理制成的,如果在滤波电容前串接一电感线圈,则输出电流_____。
   A. 连续变化;减小脉动　　　　　B. 连续变化;增大脉动
   C. 跃变;减小脉动　　　　　　　D. 跃变;增大脉动

3. 具有放大环节的串联型稳压电路在正常工作时,调整管所处的工作状态是_____。
   A. 开关　　　　　　　　　　　　B. 放大
   C. 饱和　　　　　　　　　　　　D. 不能确定

4. 集成稳压芯片 78XX 系列为输出固定电压的三端稳压器,正常工作时 7805 芯片输出电压与其输入电压的关系是_____。
   A. 输出电压基本不变,输出电压比输入电压高
   B. 输出电压基本不变,输出电压比输入电压低
   C. 输出电压随着负载和输入电压的变化而变化
   D. 输出电流基本不变,输入电压比输出电压低

5. 若要使集成稳压器 78 系列正常工作,其输入电压 U_i 和输出电压 U_o 之间必须满足_____。
   A. $U_i < U_o$　　　　　　　　　　B. $U_i = U_o$
   C. U_i 大于 U_o 一定值　　　　　D. 因 U_o 稳定 U_i 大小无所谓

6. 关于稳压管,下列说法错误的是_____。
   A. 稳压二极管是一种用特殊工艺制造的面结型硅半导体二极管
   B. 稳压二极管的杂质浓度比较高,空间电荷区内的电荷密度也大,容易形成强电场
   C. 反向击穿电压就是稳压管的稳定电压

D. 稳压二极管和普通二极管都是不可逆反向击穿,二极管一旦反向击穿,管子就会损坏

7. 关于使用稳压管应注意的事项,下列说法错误的是_____。
   A. 稳压管必须工作在反向电压下,稳压管两端电压极性不能接错
   B. 一般稳压管可以并联使用
   C. 稳压管必须串联一个适当的限流电阻后,再接入电源
   D. 根据需要应参照稳压管的主要参数来选择适当的稳压管

8. 关于电容滤波电路的特点,下列说法正确的是_____。
   ①电流的有效值和平均值的关系和波形有关,在平均值相同的情况下,波形越尖,有效值越大;②负载直流电压随负载电流增加而减小;③电容滤波电路输出特性较差,适用于负载电压较高,电流输出较小,负载变动不大的场合
   A. ②③   B. ①③
   C. ①②   D. ①②③

9. 关于电感滤波电路的特点,下列说法正确的是_____。
   ①电感 L 的反电势使整流管导电角增大;②有明显的峰值电流,输出特性比较陡峭;③笨重、体积大,易引起电磁干扰;④只适用于低电压、大电流场合
   A. ①②③   B. ②③④
   C. ①③④   D. ①②③④

10. 滤波电路用于滤去整流输出电压中的纹波,一般由电抗元件组成。电容器 C 对直流开路,对交流阻抗小,所以 C 应_____在负载两端;而电感 L 对直流阻抗小,对交流阻抗大,因此电感 L 应与负载_____。
    A. 并联;串联   B. 串联;并联
    C. 串联;串联   D. 并联;并联

11. 单相桥式整流电容滤波电路负载电压约为变压器次级线圈电压的_____倍。
    A. 0.45   B. 0.9
    C. 1.2   D. 1.8

12. 具有放大环节的串联型稳压电路在正常工作时,若要求输出电压为 18 V,调整管压降为 6 V,整流电路采用电容滤波,则电源变压器次级电压有效值应为_____。
    A. 12 V   B. 18 V
    C. 20 V   D. 24 V

13. 小功率模拟直流稳压电源一般由_____等四部分组成。
    A. 整流、滤波、逆变和稳压电路   B. 整流、振荡电路、滤波和稳压电路
    C. 电源变压器、整流、滤波和稳压电路   D. 整流、控制电路、滤波和稳压电路

14. 关于电感电容滤波器,说法错误的是_____。
    A. LC 滤波电路中负载波动对输出电压影响小
    B. 电感元件限制了电流的脉动峰值,减少了对整流二极管的冲击
    C. 适用于电流较大、要求输出电压脉动很小的场合
    D. LC 滤波电路的输出电压 $U_o = 0.7U$(U 为变压器副边电压有效值)

15. 小功率模拟直流稳压电源一般由_____组成。
    ①电源变压器;②整流;③滤波;④稳压电路

A. ①②③ B. ①②④
C. ①③④ D. ①②③④

16. 图示三端集成稳压电路中 W7806 输出电压是_____V。

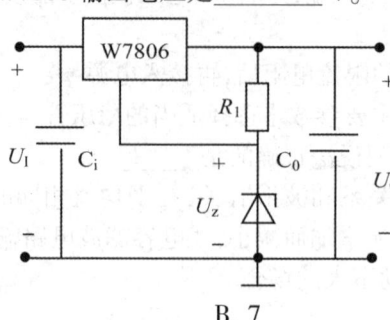

A. 6 B. 7
C. 8 D. 9

17. 稳压管的稳压区，是其工作在_____状态。
A. 正向导通 B. 反向截止
C. 反向击穿 D. 饱和导通

18. 关于电感滤波电路的特点，下列说法正确的是_____。
①电感 L 的反电动势使整流管导通角增大；②有明显的峰值电流，输出特性比较陡峭；③笨重、体积大，易引起电磁干扰；④只适合低电压、大电流的场合
A. ①②③ B. ①③④
C. ②③④ D. ①②④

第五节　三极管

1. 如图所示是三极管的符号，对其说明正确的是_____。

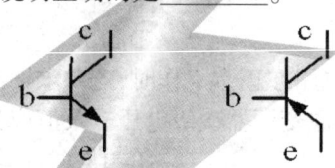

A. 左边是 NPN 管，右边是 PNP 管
B. 左边是 PNP 管，右边是 NPN 管
C. 左边是硅管，右边是锗管
D. 左边是锗管，右边是硅管

2. 用直流电压表测得放大电路中某三极管各极电位分别是 2 V、6 V、2.7 V，则三个电极分别是_____。
A. B、C、E B. C、B、E
C. E、C、B D. 不能确定

3. 某放大电路的三极管的三个脚对地电位分别为 -2.3 V、-3 V、-9 V，则可判断该管的材料和类型是_____。
A. 硅、NPN B. 硅、PNP

C. 锗、NPN D. 锗、PNP

4. 用直流电压表测得放大电路中某三极管各管脚电位分别是 2 V、6 V、2.7 V,则三个电极分别是_____,该管是_____型。
   A. BCE;NPN B. CBE;PNP
   C. ECB;NPN D. CEB;PNP

5. NPN 型三极管 BJT 的集电极和发射级的关系是_____。
   A. 因为都是 N 型半导体构成,所以可以互换使用
   B. 因为结构不同,不可以互换使用
   C. 集电极串联一个电阻后可以作为发射极使用
   D. 发射极串联一个电阻后可以作为集电极使用

6. _____不是集电极的特点。
   A. 面积较大 B. 收集载流子
   C. 与发射极是同类型的杂质半导体 D. 掺杂浓度高

7. _____不是发射极的特点。
   A. 面积较大 B. 发射载流子
   C. 与集电极是同类型的杂质半导体 D. 掺杂浓度高

8. 无论是 PNP 型还是 NPN 型三极管,工作在放大状态时其条件是_____。
   A. 发射结正向偏置,集电结反向偏置 B. 发射结反向偏置,集电结正向偏置
   C. 发射结正向偏置,集电结正向偏置 D. 发射结反向偏置,集电结反向偏置

9. 三极管工作在截止状态的条件是_____。
   A. 发射结正向偏置,集电结反向偏置 B. 发射结电压小于其死区电压
   C. 发射结和集电结都正向偏置 D. 集电结电压大于其死区电压

10. 已知一晶体管的 E、B、C 三个极的电位分别为 0.5 V、1.2 V、5.6 V,那该管工作于_____状态,属_____型。
    A. 饱和;PNP B. 饱和;NPN
    C. 放大;NPN D. 放大;PNP

11. 如果_____电流做微量变化,可以控制_____电流出现很大的变化,这就是三极管的放大作用。
    A. 基极;集电极 B. 基极;发射极
    C. 集电极;发射极 D. 发射极;基极

12. 晶体管共射极电流放大系数 β 与集电极电流 I_c 的关系是_____。
    A. β 与 I_c 无关 B. β 与 I_c 成正比例的关系
    C. β 与 I_c 成反比例的关系 D. β 与 I_c 成积分的关系

13. 半导体三极管工作在放大状态时,则_____。
    A. 发射结集电结都正向偏置 B. 发射结集电结都反向偏置
    C. 发射结正向偏置,集电结反向偏置 D. 发射结反向偏置,集电结正向偏置

14. 当晶体管的集电极电流增量与基极电流增量之比几乎不变时,晶体管处于_____。
    A. 放大区 B. 饱和区

C. 截止区　　　　　　　　　　　　D. 放大区或饱和区

15. 半导体三极管工作在截止状态，则_____。
　　A. 发射结正向偏置，集电结反向偏置　　B. 发射结电压小于其死区电压
　　C. 发射结和集电结都正向偏置　　　　　D. 集电结电压大于其死区电压

16. 三极管是_____控制元件，场效应管是_____控制元件。
　　A. 电流控制电流；电流控制电流　　　　B. 电流控制电流；电压控制电流
　　C. 电压控制电流；电流控制电流　　　　D. 电压控制电流；电压控制电流

17. 通常情况下，温度升高时，三极管的 β 值将_____。
　　A. 增大　　　　　　　　　　　　　　　B. 减小
　　C. 不变　　　　　　　　　　　　　　　D. 不能确定

18. 测得 NPN 型三极管上各电极对地电位分别为 $V_E = 2.1$ V、$V_B = 2.8$ V、$V_C = 4.4$ V，说明此三极管工作在_____。
　　A. 截止区　　　　　　　　　　　　　　B. 放大区
　　C. 饱和区　　　　　　　　　　　　　　D. 击穿区

19. 测得晶体管 3 个电极的静态电流分别为 0.06 mA、3.66 mA 和 3.6 mA，则该管的 β 值为_____。
　　A. 60　　　　　　　　　　　　　　　　B. 61
　　C. 0.98　　　　　　　　　　　　　　　D. 无法确定

20. 三极管的输出特性分为_____ 3 个工作区。
　　A. 共射极工作区、共基极工作区和共集电极工作区
　　B. 放大区、截止区和饱和区
　　C. 饱和区、有源区和正向阻断区
　　D. 非饱和区、饱和区和截止区

21. 当 NPN 型 BJT 的 $V_{CE} > V_{BE}$ 且 $V_{BE} > 0.5$ V 时，则 BJT 工作在_____。
　　A. 截止区　　　　　　　　　　　　　　B. 放大区
　　C. 饱和区　　　　　　　　　　　　　　D. 击穿区

22. 如图所示 T1 是_____类型的三级管。

　　A. PNP　　　　　　　　　　　　　　　B. NPN
　　C. NMOS　　　　　　　　　　　　　　D. PMOS

23. 在某放大电路中，其三极管三个脚对应的电位分别是 5.3 V、5.5 V、8 V，则可判断该管的材料和类型是_____。
　　A. 硅管、PNP　　　　　　　　　　　　B. 硅管、NPN
　　C. 锗管、PNP　　　　　　　　　　　　D. 锗管、NPN

24. 关于双极结型三极管的伏安特性，下列说法错误的是_____。
　　A. 三极管的伏安特性能全面地反映出各电极电压与流过电流之间的关系

B. 伏安特性曲线中最常用的是输入特性和输出特性曲线

C. 根据特性曲线,可以判断管子质量的好坏,也可以根据特性曲线作图对管子性能进行较全面的分析

D. 要完整地描述三极管的伏安特性,至少得选用3组及以上表示不同端变量(即输入电压、输入电流、输出电压和输出电流)之间关系的特性曲线

25. 关于 NPN 型硅 BJT 共射集连接的特性曲线,下列说法错误的是_____。
   A. 三极管的输入特性曲线是集–射极电压 V_{ce} 为常数时,输入电路中基极电流与基射极电压 V_{be} 之间的关系曲线
   B. 三极管的输出特性是指当基极电流 I_b 为常数时,输出电路中集电极电流 I_c 与集–射极电压 V_{ce} 之间的关系曲线
   C. 在不同的基极电流 I_b 下,可得出相同的输出特性曲线,所以三极管的输出特性曲线是一条曲线
   D. 三极管的伏安特性曲线能直观地描述各极间电压与各极间电流之间的关系

26. 关于 NPN 型 BJT 共射集连接输出特性曲线,下列说法错误的是_____。
   A. 输出特性曲线接近于水平的部分是放大区
   B. 截止区是指 $I_b = 0$ 的曲线以下的区域
   C. 饱和区是指三极管的发射结和集电结均处于反向偏置的区域
   D. 当 I_b 一定时,V_{ce} 约大于 1 V 后,即便 V_{ce} 继续增加,I_c 不再有明显增加,因此它具有恒流特性

27. 关于三极管电流放大系数,下列说法错误的是_____。
   A. 三极管接成共发射极电路,静态时可近似把集电极电流 I_c 与基极电流 I_b 的比值称为共发射极静态电流(直流)放大系数
   B. 三极管工作在动态,集电极电流的变化量 ΔI_c 与基极电流的变化量 ΔI_b 的比值称为共发射极动态电流(交流)放大系数
   C. β 值太小,电流放大作用不明显,但稳定性好
   D. β 值太大,管子性能受温度影响大,工作不稳定,因此一般取 $\beta = 300 \sim 800$ 为宜

28. 关于极间反向电流,下列说法错误的是_____。
   A. 在一定温度下,集电极–基极反向饱和电流 I_{cbo} 的大小标志着集电结的质量(即单向导电性的优劣),其值越小越好
   B. 集电极–发射极反向饱和电流 I_{ceo} 是基极开路时,由集电区穿过基区流向发射区的反向饱和电流
   C. 根据三极管电流分配规律:$I_{ceo} = (1+\beta) I_{cbo}$
   D. 集电极–发射极反向饱和电流 I_{ceo} 随温度变化不大,不同温度下基本恒定不变

29. 为了使三极管能安全工作,在应用中必须要考虑的极限参数是_____。
   ①电流放大系数 β;②集电极最大允许电流 I_{CM};③集电极最大允许耗散功率 P_{CM};④集电极–发射极间的反向击穿电压 $U_{(BR)CEO}$;⑤集电极–发射极间的反向饱和电流 I_{CEO}
   A. ①②③④   B. ②③④⑤
   C. ②③④   D. ①②③④⑤

30. 为了使三极管能安全工作,在应用中必须要考虑的极限参数有_____。
①电流放大系数 β;②集电极最大允许电流 I_{CM};③集电极最大允许耗散功率 P_{CM};④集电极-发射极间的反向击穿电压 $U_{(BR)CEO}$;⑤发射极-基极间的反向击穿电压 $U_{(BR)CBO}$
   A. ①②③④
   B. ②③④⑤
   C. ②③④
   D. ①②③④⑤

31. 工作在放大区的某三极管,如果当 I_B 从 12 μA 增大到 22 μA 时,I_C 从 1 mA 变为 2 mA,那么它的 β 约为_____。
   A. 10
   B. 83
   C. 91
   D. 100

32. 若参数_____值太大,三极管的性能受温度影响大,工作不稳定。
①电流放大系数 β;②集电极-发射极间的反向饱和电流 I_{CEO};③集电极-发射极间的反向击穿电压 $U_{(BR)CEO}$
   A. ①②
   B. ①②③
   C. ②③
   D. ①③

33. 放大器引入负反馈后,以下说法错误的是_____。
   A. 可以提高增益倍数
   B. 可以提高输出电压的稳定性
   C. 可以减小非线性失真
   D. 可以提高输入阻抗

第六节　三极管基本放大电路

1. 在 NPN 型三极管构成的共发射极放大电路中,如果基极偏置电流 I_B 太大,将会产生非线性_____;如果基极偏置电流 I_B 太小,将会产生非线性_____。
   A. 饱和失真;截止失真
   B. 截止失真;饱和失真
   C. 饱和失真;饱和失真
   D. 截止失真;截止失真

2. 共发射极放大器的输出电压和输入电压的大小关系和相位关系是_____。
   A. 输出电压小于输入电压且相位差为 180°
   B. 输出电压大于输入电压且相位差为 180°
   C. 输出电压小于输入电压且同相位
   D. 输出电压大于输入电压且相位差为 90°

3. 在 NPN 型三极管构成的单级共发射极放大电路中,若输入电压为正弦波形,则 u_o 和 u_i 的相位关系是_____。
   A. 同相
   B. 反相
   C. 相差 90°
   D. 不确定

4. NPN 型三极管共射放大电路中,发射结正向偏置,当 $U_{CE}<U_{BE}$ 时,集电结正向偏置,晶体管工作于_____。
   A. 放大状态
   B. 截止状态
   C. 饱和状态
   D. 不确定

5. 下图放大电路存在接线错误,该电路错误之处是_____。

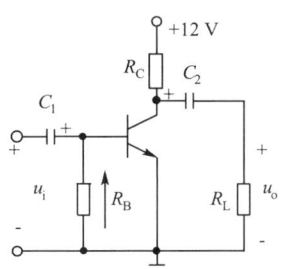

A. 电源电压极性接反 B. 基极电阻 R_B 接错
C. 集电极电阻 R_C D. 耦合电容 C_1、C_2 极性接错

6. 在基本共射放大电路中,负载电阻 RL 减小时,输出电阻 R_0 将_____。
 A. 增大 B. 减少
 C. 不变 D. 不能确定

7. 既能放大电压,也能放大电流的是_____放大电路。
 A. 共射极 B. 共集电极
 C. 共基极 D. 差分

8. 射极输出器的输出电阻小,说明该电路的_____。
 A. 带负载能力强 B. 带负载能力差
 C. 减轻前级或信号源负荷 D. 加重前级或信号源负荷

9. 关于射极输出器说法正确的是_____。
 A. 射极输出器也称为共发射极放大电路
 B. 射极输出器中集电极是输入、输出回路的公共端
 C. 射极输出器中基极是输入、输出回路的公共端
 D. 射极输出器的电压增益总是远大于1

10. 图为三极管共发射极的基本放大电路,下列说法正确的是_____。

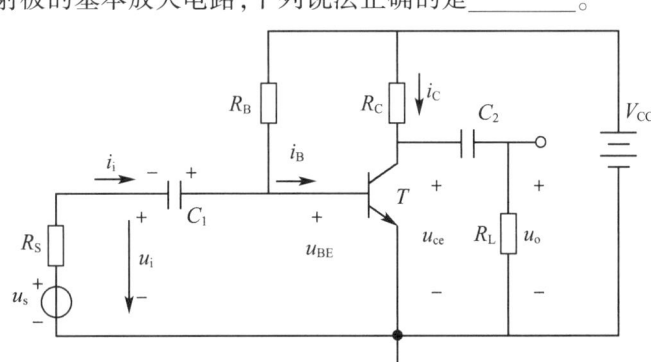

①该电路是交流放大电路;②C_1、C_2 元件是耦合电容,起隔直流的作用;③R_B 电阻的主要作用是提供基极偏置电压及电流;④电阻 R_L 表示负载;⑤该电路的直流通路和交流通路是一样的
 A. ①②④⑤ B. ①③④
 C. ①②③④ D. ①②③④⑤

11. 关于共集电极放大电路,下列说法正确的是_____。
 ①集电极是输入、输出回路的共同端;②共集电极电路又称为射极输出器;③输出电压与输

入电压同相；④共集电极放大电路输入电阻高,输出电阻低；⑤电压增益小于1而接近于1

　　A. ②④⑤　　　　　　　　　　　B. ①③④⑤
　　C. ①②③　　　　　　　　　　　D. ①②③④⑤

12. 关于共集电极放大电路用途,下列说法正确的是＿＿＿＿＿＿＿。
①可作为多级放大电路的输入级；②可作为多级放大电路的输出级；③可作为多级放大电路的中间级,在电路中起阻抗变换的作用

　　A. ②③　　　　　　　　　　　　B. ①③
　　C. ①②　　　　　　　　　　　　D. ①②③

13. 共集电极放大电路＿＿＿＿＿＿＿电流放大作用,＿＿＿＿＿＿＿电压放大,＿＿＿＿＿＿＿电压跟随作用。

　　A. 有；没有；有　　　　　　　　B. 没有；有；没有
　　C. 有；有；没有　　　　　　　　D. 没有；没有；有

14. 在三极管放大电路三种组态中,输入电阻最高,输出电阻最小的是＿＿＿＿＿＿＿。

　　A. 共集电极放大电路　　　　　　B. 共射极放大电路
　　C. 共基极放大电路　　　　　　　D. 三种放大电路输入、输出电阻差异性很小

15. 共集电极放大电路的特性是＿＿＿＿＿＿＿。
①输入电阻高；②输出电阻低；③输入电压与输出电压同相；④输入电阻低；⑤输出电阻高；⑥输入电压与输出电压反相

　　A. ①②③　　　　　　　　　　　B. ②③⑤
　　C. ①②⑥　　　　　　　　　　　D. ④⑤⑥

16. 以下不属于共集电极放大电路特性的是＿＿＿＿＿＿＿。

　　A. 电流放大倍数略小于1　　　　B. 输入电压与输出电压同相
　　C. 输入电阻高　　　　　　　　　D. 输出电阻低

17. 以下不属于共集电极放大电路特性的是＿＿＿＿＿＿＿。

　　A. 电压放大倍数略小于1　　　　B. 输入电压与输出电压反相
　　C. 输入电阻高　　　　　　　　　D. 输出电阻低

18. 在基本放大电路的三种组态中,输出电阻最小的是＿＿＿＿＿＿＿。

　　A. 共射放大电路　　　　　　　　B. 共基放大电路
　　C. 共集放大电路　　　　　　　　D. 不能确定

19. 共集电极电路的三大特点是＿＿＿＿＿＿＿。

　　A. 输入电阻高,输出电阻低和放大倍数≤1　B. 输入电阻低,输出电阻低和放大倍数≥1
　　C. 输入电阻低,输出电阻高和放大倍数≤1　D. 输入电阻高,输出电阻高和放大倍数≤1

20. 共集电极放大电路的特点是＿＿＿＿＿＿＿。
①输入电阻高；②输出电阻低；③输入电压与输出电压同相；④电压放大倍数略小于1

　　A. ①②③④　　　　　　　　　　B. ①②③
　　C. ①②④　　　　　　　　　　　D. ③④

21. 共基极放大电路＿＿＿＿＿＿＿电压放大作用,＿＿＿＿＿＿＿电流放大,＿＿＿＿＿＿＿电流跟随作用。

　　A. 有；没有；有　　　　　　　　B. 没有；有；没有
　　C. 有；有；没有　　　　　　　　D. 没有；没有；有

22. 下列可用于高频或宽频带低输入阻抗场合的放大电路是＿＿＿＿＿＿＿。

①共集电极放大电路;②共射极放大电路;③共基极放大电路
  A. ①   B. ②
  C. ③   D. ①③

23. 以下不属于共基极放大电路特性的是_____。
  A. 电压放大倍数高   B. 输入电压与输出电压同相
  C. 输入电阻高   D. 输出电阻高

24. 以下不属于共基极放大电路特性的是_____。
  A. 电压放大倍数略小于1   B. 输入电压与输出电压同相
  C. 输入电阻低   D. 输出电阻高

25. 具有电压及电流放大能力,且最常用的是_____放大电路。
  A. 共基极   B. 共射极
  C. 共集电极   D. 共源极

26. 以下_____不是共射极放大电路的特性。
  A. 电压放大倍数大   B. 输入电压与输出电压反向
  C. 可以放大电压及电流   D. 输入电阻高

27. 共集电极放大电路又称为射极输出器,其描述不正确的为_____。
  A. 输入电阻高   B. 输出电阻低
  C. 不具有放大作用   D. 电压放大倍数略小于1

28. 共集电极放大电路具有较好的输入特性和带负载能力,应用非常广泛,但_____场合不适用。
  A. 多级放大电路的中间放大级   B. 多级放大电路的输入端
  C. 多级放大电路的输出端   D. 多级放大电路的级间耦合

29. 关于共基极放大电路,下列说法不正确的是_____。
  A. 只要电路参数选择适当,共基极放大电路同样具有电压放大作用,而且输出电压和输入电压相位相同
  B. 输入电阻远大于共射极放大电路的输入电阻
  C. 输出电阻与共射极放大电路的输出电阻相同,近似等于集电极电阻 R_C
  D. 基极是输入、输出回路的共同端

30. 关于三极管放大电路,说法错误的是_____。
  A. 共发射极放大电路中,信号由基极输入,集电极输出
  B. 共集电极放大电路中,信号由基极输入,发射极输出
  C. 共射极放大电路中,电压和电流增益总是大于1的,所以作为多级放大电路的输入级
  D. 共集电极放大电路中,电压增益小于1而接近于1

31. 可以放大电压,但是不能放大电流的是_____放大电路。
  A. 共射极   B. 共基极
  C. 共集电极   D. 控制极

32. 在三极管基本放大电路中,输出电阻最小的是_____。
  A. 共射极放大电路   B. 共集电极放大电路
  C. 共基极放大电路   D. 不能确定

33. 在三极管基本放大电路中,输入电阻最小的是_____。
    A. 共射极放大电路　　　　　　　　　　B. 共集电极放大电路
    C. 共基极放大电路　　　　　　　　　　D. 不能确定

34. 在三极管基本放大电路中,其输入电阻最大的放大电路是_____。
    A. 共射放大电路　　　　　　　　　　　B. 共集放大电路
    C. 共基放大电路　　　　　　　　　　　D. 不能确定

35. 在 NPN 型三极管构成的共发射极放大电路中,如果基极偏置电流 I_B 太大,将会产生非线性_____。
    A. 饱和失真　　　　　　　　　　　　　B. 截止失真
    C. 断路　　　　　　　　　　　　　　　D. 短路

36. 在 NPN 型三极管构成的共发射极放大电路中,如果基极偏置电流 I_B 太小,将会产生非线性_____。
    A. 饱和失真　　　　　　　　　　　　　B. 截止失真
    C. 短路　　　　　　　　　　　　　　　D. 断路

37. 以下不属于共基极放大电路特性的是_____。
    A. 电压放大倍数略小于 1　　　　　　　B. 输入电压与输出电压同相
    C. 输入阻抗低　　　　　　　　　　　　D. 输出阻抗高

38. 下列关于温度对于三极管特性的影响,说法错误的是_____。
    A. 随着温度升高,三极管的电流放大系数 β 将增加
    B. 随着温度升高,三极管的 i_{CEO} 将增加
    C. 随着温度升高,三极管的 i_{CBO} 将增加
    D. 随着温度升高,三极管的输出特性曲线整体下移

39. 在基极电流相同的条件下,温度升高,$|U_{BE}|$_____。
    A. 升高　　　　　　　　　　　　　　　B. 降低
    C. 不变　　　　　　　　　　　　　　　D. 先升高,后降低

第七节　FET 结构和特点

1. 场效应管的主要特点是_____。
    A. 电压放大倍数小于 1,输入阻抗低,输出阻抗高
    B. 电压放大倍数小于 1,输入阻抗高,输出阻抗低
    C. 电压放大倍数大于 1,输入阻抗低,输出阻抗高
    D. 电压放大倍数大于 1,输入阻抗高,输出阻抗低

2. 在集成电路放大器中,常用_____或_____MOSFET 做成电流源作为偏置电路或有源负载。
    A. 增强型;耗尽型　　　　　　　　　　B. NPN 型;PNP 型
    C. 电子沟道;空穴沟道　　　　　　　　D. 硅管;锗管

3. 对于结型场效应管,栅源极之间的 PN 结_____。
    A. 必须正偏　　　　　　　　　　　　　B. 必须反偏

C. 必须零偏 　　　　　　　　　　　D. 可以任意偏置

4. 场效应管的电极有_____。
   A. 基极 b、发射极 c、集电极 e　　B. 源极 s、栅极 g、漏极 d
   C. 阴极、阳极　　　　　　　　　　D. 阴极、阳极、门级

5. 如图所示的电路符号代表_____管。

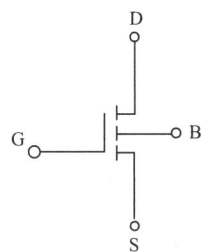

   A. 耗尽型 PMOS　　　　　　　　　B. 耗尽型 NMOS
   C. 增强型 PMOS　　　　　　　　　D. 增强型 NMOS

6. N 沟道增强型绝缘栅场效应管的电路符号是_____。

A. 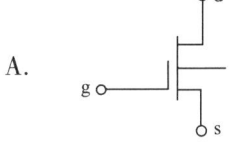　　　　　　B.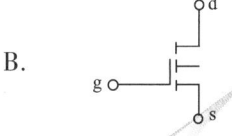

C. 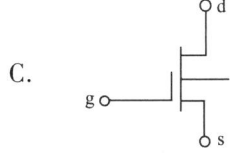　　　　　　D.

7. 场效应晶体管根据它的导电沟道可分为 N 沟道场效应管和_____场效应管两种。
   A. G 沟道　　　　　　　　　　　　B. P 沟道
   C. 绝缘栅型　　　　　　　　　　　D. 结型

8. 关于场效应管,下列说法错误的是_____。
   A. 场效应管只有一种载流子导电,所以是单极型器件
   B. 场效应管是电压控制电流型器件,分为 MOSFET 和 JFET 两大类
   C. MOSFET 分 N 沟道和 P 沟道,按照导电沟道形成机理不同,NMOS 管和 PMOS 管又各有增强型和耗尽型两种
   D. JFET 也分 N 沟道和 P 沟道,所以也各有增强型和耗尽型两种

9. 场效应管的栅极相当于双极性晶体管的_____。
   A. 发射极　　　　　　　　　　　　B. 集电极
   C. 基极　　　　　　　　　　　　　D. 源极

10. 结型场效应管利用栅源极间所加的_____来改变导电沟道电阻。

A. 反偏电压 B. 反向电流
C. 正偏电压 D. 正向电流

11. 场效应是利用外加电压产生的_____来控制漏极电流的大小。
   A. 电流 B. 电压
   C. 电场 D. 磁场

12. _____是半导体场效应管的交流参数。
   A. 开启电压 B. 夹断电压
   C. 饱和漏极电流 D. 输出电阻

13. 关于场效应管和双极型晶体管的比较,正确的是_____。
   ①场效应晶体管是单极性,只有一种极性的载流子参与导电;②场效应晶体管是电压控制元件,双极型晶体管是电流控制元件,两者都可获得较大的电压放大倍数;③场效应晶体管温度稳定性好,双极型晶体管受温度影响大;④场效应晶体管存放时,各电极要短接在一起,以防外界静电感应过高电压击穿绝缘层而损坏
   A. ①②③ B. ①②④
   C. ③④ D. ①②③④

14. 场效应管本质上是一个_____。
   A. 电流控制电流源器件 B. 电流控制电压源器件
   C. 电压控制电流源器件 D. 电压控制电压源器件

15. 场效应管起放大作用时应工作在其漏极特性的_____。
   A. 非饱和区 B. 饱和区
   C. 截止区 D. 击穿区

16. 场效应管的三个电极分别是_____。
   A. 源极 s、栅极 g、漏极 d B. 基极 b、发射极 e、集电极 c
   C. 阳极、阴极、门极 D. 阳极、阴极、控制极

17. 场效应管根据它的导电沟道可分为 N 沟道场效应管和_____场效应管两种。
   A. S 沟道 B. D 沟道
   C. P 沟道 D. G 沟道

第八节 温度对半导体的影响

1. 关于温度对三极管参数及特性的影响,下列说法有误的是_____。
   A. 随着温度的升高,三极管的主要参数也受到影响,I_{ceo}、I_{cbo}、电流放大系数 β、$V_{(BR)ceo}$、$V_{(BR)cbo}$ 都随之提高
   B. 温度对与三极管输入特性曲线的影响,在基极电流相同的条件下,温度每升高 1 ℃,V_{be} 将减小 2~2.5 mV
   C. 对于输出特性的影响在于随着温度的升高,三极管的 I_{ceo}、I_{cbo}、电流放大系数 β 都将增大
   D. 随着温度的升高三极管的输出特性曲线下移,而且各条曲线间的距离变小

2. 随着温度升高而随之提高的三极管的极限参数是_____。

①电流放大系数 β；②集电极最大允许电流 I_{CM}；③集电极最大允许耗散功率 P_{CM}；④集电极-发射极间的反向击穿电压 $U_{(BR)CEO}$；⑤集电极-基极间的反向击穿电压 $U_{(BR)CBO}$

A. ①②③　　　　　　　　　　B. ①④⑤
C. ④⑤　　　　　　　　　　　D. ①②③④⑤

3. 温度变化而无影响的三极管的极限参数是_____。

①电流放大系数 β；②集电极最大允许电流 I_{CM}；③集电极最大允许耗散功率 P_{CM}；④集电极-发射极间的反向击穿电压 $U_{(BR)CEO}$；⑤集电极-基极间的反向击穿电压 $U_{(BR)CBO}$

A. ①②③　　　　　　　　　　B. ①④⑤
C. ②③　　　　　　　　　　　D. ①②③④⑤

4. 下列三极管参数中,温度升高而不会随之变化的是_____。

A. 电流放大系数 β
B. 集电极最大允许耗散功率 P_{CM}
C. 集电极-基极间的反向击穿电压 $U_{(BR)CBO}$
D. 集电极-发射极间的反向击穿电压 $U_{(BR)CEO}$

5. 温度升高,晶体管的电流放大系数_____。

A. 增大　　　　　　　　　　　B. 减小
C. 不变　　　　　　　　　　　D. 无法确定

6. 在基极电流相同的条件下,温度升高,$|U_{BE}|$_____。

A. 升高　　　　　　　　　　　B. 降低
C. 不变　　　　　　　　　　　D. 无法确定

7. 温度升高,晶体管输出特性曲线_____。

A. 上移　　　　　　　　　　　B. 下移
C. 不变　　　　　　　　　　　D. 无法确定

8. 温度升高,晶体管输出特性曲线间隔_____。

A. 增大　　　　　　　　　　　B. 减小
C. 不变　　　　　　　　　　　D. 无法确定

9. 在三极管的参数中,随着温度升高而随之提高的参数主要有_____。
①电流放大系数 β；②集电极-发射极间的反向饱和电流 I_{CEO}；③集电极-基极间的反向饱和电流 I_{CBO}；④集电极-发射极间的反向击穿电压 $U_{(BR)CEO}$；⑤集电极-基极间的反向击穿电压 $U_{(BR)CBO}$

A. ①②③④　　　　　　　　　B. ①②⑤
C. ③④⑤　　　　　　　　　　D. ①②③④⑤

10. 基本不受温度变化影响的三极管参数是_____。
①集电极最大允许耗散功率 P_{CM}；②集电极最大允许电流 I_{CM}；③集电极-基极间的反向击穿电压 $U_{(BR)CBO}$；④集电极-发射极间的反向击穿电压 $U_{(BR)CEO}$

A. ③④　　　　　　　　　　　B. ①②③
C. ①②　　　　　　　　　　　D. ①②③④

第九节 集成运算放大器

1. 下列对集成电路运算放大器描述正确的是_____。
   A. 是一种低电压增益、高输入电阻和低输出电阻的多级直接耦合放大电路
   B. 是一种高电压增益、低输入电阻和低输出电阻的多级直接耦合放大电路
   C. 是一种高电压增益、高输入电阻和高输出电阻的多级直接耦合放大电路
   D. 是一种高电压增益、高输入电阻和低输出电阻的多级直接耦合放大电路

2. 理想运放的输出电阻为_____。
   A. ∞   B. 0
   C. -∞   D. 不定

3. 如图所示,关于集成电路运算放大器,下列说法错误的是_____。

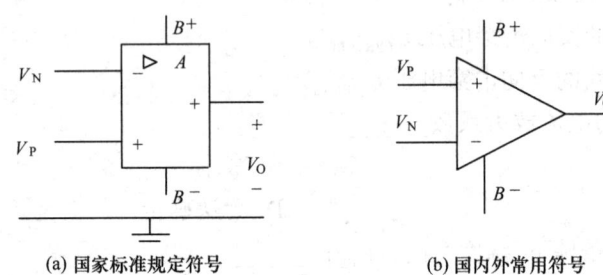

(a) 国家标准规定符号　　(b) 国内外常用符号
运算放大器的代表符号

   A. 在运算放大器的内部,输入级由差分式放大电路组成,利用它的电路对称性可提高整个电路的性能
   B. 中间电压放大级的主要作用是提高电压增益,它可由一级或多级放大电路组成
   C. 输出级能为负载提供一定的功率,电路由两个电源 $B+$ 和 $B-$ 供电
   D. 整个电路设计成两个输入端,分别为同相输入端 N 和和反向输入端 P,一个输出端 O

4. 如图所示,关于集成电路运算放大器,下列说法错误的是_____。

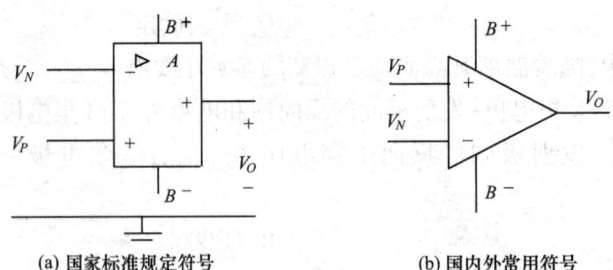

(a) 国家标准规定符号　　(b) 国内外常用符号
运算放大器的代表符号

   A. 当同相输入端 P 端加入电压信号 $V_P(V_N=0)$ 时,在 O 端得到的输出电压 V_O 与 V_P 同相
   B. 当在反相输入端 N 端加入电压信号 $V_N(V_P=0)$ 时,V_O 与 V_N 反相
   C. 对于一个实际的集成运算放大器,P、N 与 O 端的电压信号之间的相位关系是确定的
   D. 三端电压 V_P、V_N 和 V_O 的参考电位点不同

5. 对于集成运算放大器而言,下列说法错误的是_____。

A. 多级直接耦合 B. 高输出阻抗
C. 高输入阻抗 D. 高放大倍数

6. 关于集成运算放大器,下列说法错误的是_____。
   A. 高输入阻抗 B. 直接耦合多级放大器
   C. 开环电压增益通常可高达 10^6 D. 高输出阻抗

7. 关于放大电路带负载能力,说法正确的是_____。
   ①负载变化时,输出量变化越小,表明放大电路的带负载能力差;②负载变化时,输出量变化越大,表明放大电路的带负载能力强;③负载变化时,输出量变化越小,表明放大电路的带负载能力强;④负载变化时,输出量变化越大,表明放大电路的带负载能力差
   A. ①②③ B. ①②
   C. ③④ D. ①②③④

8. 如图由集成运算放大器构成的运算电路,经测量发现 $u_o = u_i$,这是因为_____。

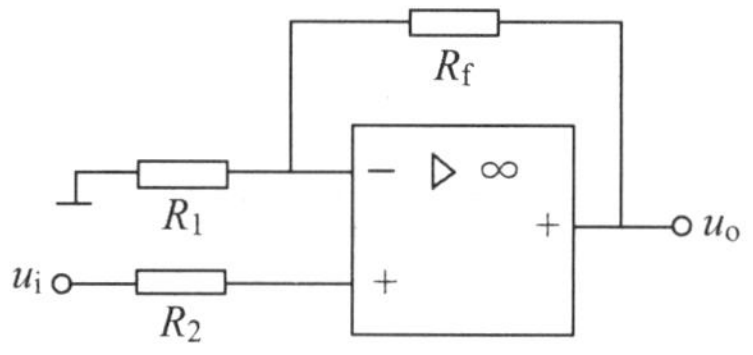

   A. R_1断路 B. R_2断路
   C. R_f断路 D. R_2两端短路

9. 集成运算放大器在电路结构上放大级之间通常采用_____。
   A. 阻容耦合 B. 变压器耦合
   C. 直接耦合 D. 光电耦合

10. 理想运放的开环放大倍数为_____。
    A. ∞ B. 0
    C. -∞ D. 不定

11. 关于集成运算放大器的基本电路构成,说法错误的是_____。
    A. 输入级是决定集成运算放大器性能关键的一级,要求它的零点漂移大,输入电阻低
    B. 偏置电路对各级提供偏置电压,使各级具有适当的静态工作点
    C. 中间级是将输入级输出的信号电压放大
    D. 输出级直接与负载相连,这一级要有足够的电压放大幅度和输出功率,同时要求输出电阻小,带负载能力强

12. 理想运算放大器具有的特点是_____。
    ①理想运算放大器开环放大倍数可视为无穷大;②输入电阻可视为无穷大;③输出电阻可视为趋于零;④共模抑制比可视为无穷大
    A. ①②③ B. ①②④
    C. ③④ D. ①②③④

13. 理想集成运算放大器的输入电阻为_____。
    A. ∞ B. -∞

C. 1　　　　　　　　　　　　　　D. 0

14. 理想集成运算放大器的输出电阻为_____。

    A. ∞　　　　　　　　　　　　　B. -∞

    C. 1　　　　　　　　　　　　　D. 0

15. 放大电路产生零点漂移的主要原因是_____。

    A. 放大倍数太大　　　　　　　　B. 采用了直接耦合方式

    C. 晶体管的噪声太大　　　　　　D. 环境温度变化引起参数变化

16. 如图为理想运算放大器构成的同相放大电路，下列说法正确的有_____。

    ①对于 x 结点的 KCL 方程为：$\frac{v_x}{R_1}+\frac{v_x-v_o}{R_2}+i=0$；②根据虚短概念可得 $v_x=v_i$；③根据虚断概念可得 $i=0$；④同相运放放大器的电压增益可以大于1，也可以小于1

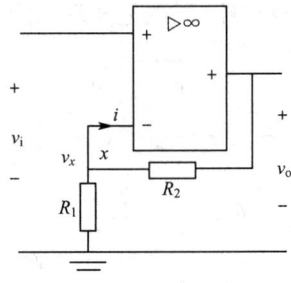

同相放大电路

    A. ②③④　　　　　　　　　　　B. ①②④

    C. ①②③　　　　　　　　　　　D. ①②③④

17. 根据虚短和虚断概念，同相运放放大器的输入电阻趋近于_____；输出电阻趋近于_____。

    A. ∞；∞　　　　　　　　　　　B. ∞；0

    C. 0；0　　　　　　　　　　　　D. 0；∞

18. 在电子线路中，共模放大倍数越小，说明_____。

    A. 运算放大器的放大倍数越小　　B. 放大电路稳定性越差

    C. 对噪声的抑制能力越强　　　　D. 对信号的放大能力越强

19. 在模拟电子线路中，差模信号指_____。

    A. $v_{i1}-v_{i2}$　　　　　　　　　　　B. $v_{i1}+v_{i2}$

    C. $\frac{v_{i1}-v_{i2}}{2}$　　　　　　　　　　　D. $\frac{v_{i1}+v_{i2}}{2}$

20. 如图所示，电路中 $R_1=R_2$，$R_3=R_4$，则输出电压 $U_o=$_____。

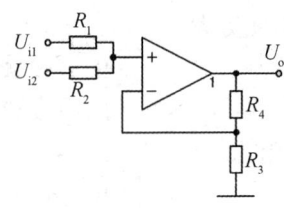

A. $U_{i1}+U_{i2}$ B. $U_{i1}-U_{i2}$
C. $\dfrac{U_{i1}+U_{i2}}{2}$ D. $\dfrac{U_{i1}-U_{i2}}{2}$

21. 有关加法器电路,说法正确的是_____。
    A. 必须使用两个或两个以上的集成运放构成加法器
    B. 加法器电路输出输入反向
    C. 当参数设置合适可以实现 $U_o = U_{i1}+U_{i2}$
    D. 两个输入端可以不在集成运放同一级

22. 如图所示,该电路输出的电压 $u_o = $ _____。

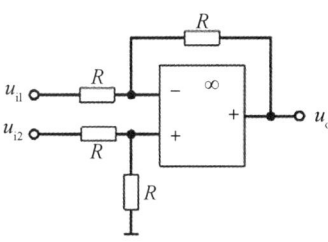

A. $u_{i1}+u_{i2}$ B. $u_{i1}-u_{i2}$
C. $u_{i2}-u_{i1}$ D. $-u_{i1}-u_{i2}$

23. 如图所示,要使电路输出满足的公式 $u_o = u_{i2}-u_{i1}$,则各电阻数值需满足_____。

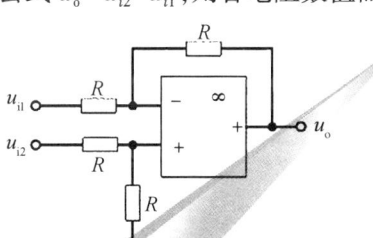

A. $R_1 = R_F, R_2 = R_3$ B. $R_F = 2R_1, R_2 = R_3$
C. $R_1 = R_F, R_2 = 2R_3$ D. $R_1 = 2R_F, R_2 = 2R_3$

24. 如图所示,则微分电路输出的电压 $u_O = $ _____。

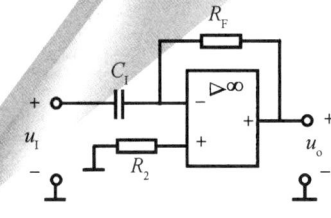

A. $-\dfrac{C_1}{R_F}u_I$ B. $-\dfrac{R_F}{C_1}u_I$
C. $-R_F C_1 \dfrac{du_I}{dt}$ D. $R_F C_1 \dfrac{du_I}{dt}$

25. 当一个三角波信号经过微分电路后,可能成为_____。
    A. 正弦波信号 B. 余弦波信号

C. 脉冲信号　　　　　　　　　　　D. 方波信号

26. 当一个方波信号经过积分电路后,可能成为_____。
    A. 三角波信号　　　　　　　　　B. 脉冲信号
    C. 正弦信号　　　　　　　　　　D. 锯齿波信号

27. 关于积分电路,_____说法是正确的。
    A. 将积分电路中的电容用电感代替,也可以实现积分电路
    B. 信号通过积分电路后不改变相位
    C. 将微分电路中的电容和电阻调换位置就可以构成积分电路
    D. 积分电路可以用一个电容代替

28. 关于比较器,_____说法是错误的。
    A. 集成电压比较器中无频率补偿电容,因此转换速率高
    B. 和集成运算放大器完全一样,没有区别
    C. 灵敏度不如用集成运放构成的比较器
    D. 开环增益较低

29. 共模抑制比 K_{CMR} 是_____之比。
    A. 差模输入信号与共模输入信号　　B. 输出量中差模成分与共模成分
    C. 差模放大倍数与共模放大倍数(绝对值)　D. 交流放大倍数与直流放大倍数(绝对值)

30. 在差分放大电路中,等效差模输入信号是两个输入信号的_____,等效共模信号是两个输入信号的_____。
    A. 差;平均值　　　　　　　　　　B. 和;差
    C. 差;积　　　　　　　　　　　　D. 商;积

31. 差分放大电路的两个输入信号 $u_{i1} = 80$ mV,$u_{i2} = 60$ mV,则等效差模输入信号 $u_{d1} = -u_{d2} =$ _____ mV。
    A. 10　　　　　　　　　　　　　B. 20
    C. 70　　　　　　　　　　　　　D. 140

32. 差分放大电路的两个输入信号 $u_{i1} = 80$ mV,$u_{i2} = 60$ mV,则等效共模输入信号 $u_{c1} = u_{c2} =$ _____ mV。
    A. 10　　　　　　　　　　　　　B. 20
    C. 70　　　　　　　　　　　　　D. 140

33. 差分放大电路中,能被放大的是_____。
    A. 输入信号中的差模成分　　　　　B. 输入信号中的共模成分
    C. 全部的输入信号　　　　　　　　D. 输入信号的一半

34. 差分放大电路中,_____被抑制_____。
    A. 输入信号中的差模成分　　　　　B. 输入信号中的共模成分
    C. 全部的输入信号　　　　　　　　D. 输入信号的一半

35. 在差分放大电路中,输入信号 u_{i1} 和 u_{i2} 的大小和极性任意,它们总可以分解成差模信号 u_d 和共模信号 u_c 的组合,则_____。
    A. $u_{i1} = u_c + u_d$,$u_{i2} = u_c - u_d$　　　　B. $u_{i1} = u_c + u_d$,$u_{i2} = u_c + u_d$

C. $u_{i1}=u_c-u_d$, $u_{i2}=u_c+u_d$ D. $u_{i1}=u_c-u_d$, $u_{i2}=u_c-u_d$

36. 集成运放电路如图所示,下列关于集成运放说法正确的是_____。

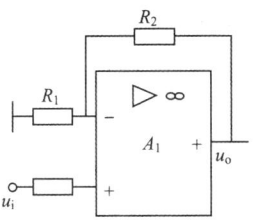

A. 输出阻抗高   B. 输入阻抗高
C. 输出倍数小   D. 输入阻抗低

37. 电路如图所示,其反馈类型为_____。

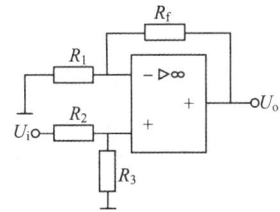

A. 电压并联型   B. 电压串联型
C. 电阻并联型   D. 电阻串联型

38. 在集成运放中,流入运放同向输入端和反向输入端的电流0,即 $i_p=i_n=0$,称为_____。
A. 断路   B. 短路
C. 虚短   D. 虚断

第十节　运算放大器

1. 在_____输入端增加若干输入电路,则构成反相加法运算电路,只要_____足够精确,就可保证运算的精确性。
A. 反相;电阻   B. 同相;电阻
C. 反相;运算放大器   D. 同相;运算放大器

2. 下图中若想得到一个应用于实际的电路,实现 $v_o = -(2v_1+v_3)$,电阻参数应如何选择?_____。

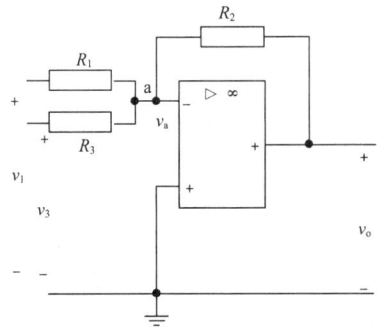

A. $R_1 = 10\ \text{k}, R_2 = 10\ \text{k}, R_3 = 5\ \text{k}$ B. $R_1 = 10\ \text{k}, R_2 = 10\ \text{k}, R_3 = 10\ \text{k}$
C. $R_1 = 5\ \text{k}, R_2 = 10\ \text{k}, R_3 = 10\ \text{k}$ D. $R_1 = 15\ \text{k}, R_2 = 10\ \text{k}, R_3 = 5\ \text{k}$

3. 下图中若想得到一个应用于实际的电路,实现 $v_o = -(v_3 + v_1)$,电阻 R_1 选择 15 k,则其他参数应如何选择? _____。

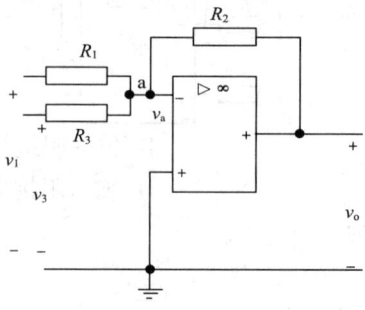

A. $R_2 = 15\ \text{k}, R_3 = 5\ \text{k}$ B. $R_2 = 5\ \text{k}, R_3 = 5\ \text{k}$
C. $R_2 = 15\ \text{k}, R_3 = 15\ \text{k}$ D. $R_2 = 10\ \text{k}, R_3 = 5\ \text{k}$

4. 下图中若电阻参数为 $R_1 = 10\ \text{k}, R_2 = 30\ \text{k}, R_3 = 15\ \text{k}$,则其输入、输出表达式应为_____。

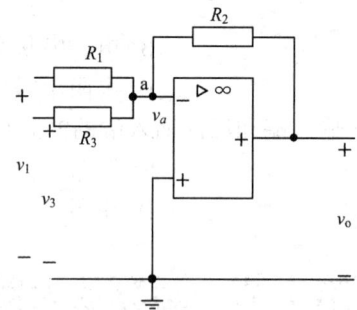

A. $v_o = -3v_1 - 2v_3$ B. $v_o = 3v_3 - 2v_1$
C. $v_o = 1/3v_3 - 2v_1$ D. $v_o = -(1/3v_3 + 1/2v_1)$

5. 欲将一正弦波电压叠加在一个直流电压上,应选用_____。
   A. 反向比例运算电路 B. 同向比例运算电路
   C. 加法运算电路 D. 减法运算电路

6. 如图所示电路为_____。

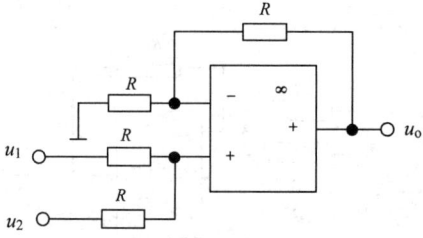

   A. 加法运算电路 B. 减法运算电路
   C. 同相比例运算电路 D. 反相比例运算电路

7. 电路如图所示,输出电压 u_o 为_____。

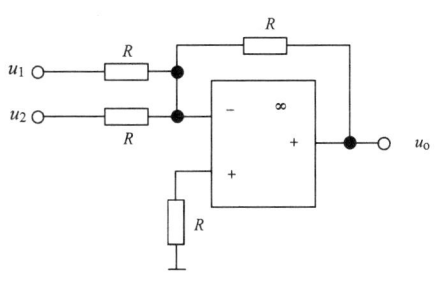

A. $u_{i1}+u_{i2}$ B. $-(u_{i1}+u_{i2})$
C. $u_{i1}-u_{i2}$ D. $u_{i2}-u_{i1}$

8. 电路如图所示，当 $2R_1=2R_2=R_3$ 时，则输出电压 u_o 为_____。

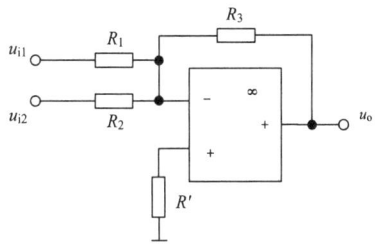

A. $2u_{i1}+2u_{i2}$ B. $-2(u_{i1}+u_{i2})$
C. $-(u_{i1}+u_{i2})$ D. $-(u_{i2}-u_{i1})$

9. 电路如图所示，欲满足 $u_o=-(u_{i1}+u_{i2})$ 的运算关系，则 R_1、R_2、R_F 的阻值必须满足_____。

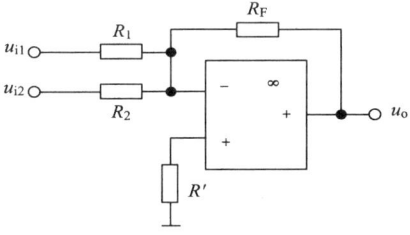

A. $R_1=R_2=R_F$ B. $R_1=R_2=2R_F$
C. $R_1=2R_2=R_F$ D. $2R_1=2R_2=R_F$

10. 下图中若想得到一个应用于实际的电路，实现 $v_o = 2v_3 - v_1$，电阻参数应如何选择？_____。

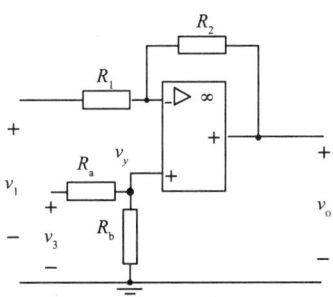

A. $R_1=5\ \text{k}, R_2=10\ \text{k}, R_a=0\ \text{k}, R_b=10\ \text{k}$ B. $R_1=1\ \text{k}, R_2=10\ \text{k}, R_a=10\ \text{k}, R_b=0\ \text{k}$

C. $R_1 = 15\text{ k}, R_2 = 10\text{ k}, R_a = 5\text{ k}, R_b = 10\text{ k}$ D. $R_1 = 10\text{ k}, R_2 = 10\text{ k}, R_a = 0\text{ k}, R_b = 10\text{ k}$

11. 下图中若想得到一个应用于实际的电路,实现 $v_o = 3v_3 - 5v_1$,电阻 R_1 选择 10 K,则其他参数应如何选择?_____。

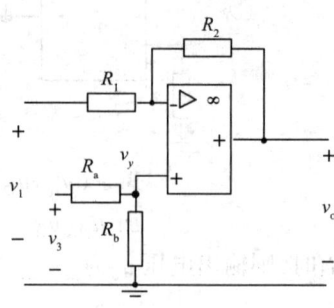

A. $R_2 = 50\text{ K}, R_a = 10\text{ K}, R_b = 10\text{ K}$ B. $R_2 = 60\text{ K}, R_a = 10\text{ K}, R_b = 0\text{ K}$

C. $R_2 = 30\text{ K}, R_a = 1\text{ K}, R_b = 10\text{ K}$ D. $R_2 = 30\text{ K}, R_a = 0\text{ K}, R_b = 50\text{ K}$

12. 下图中若电阻参数为 $R_1 = 5\text{ K}, R_2 = 10\text{ K}, R_a = 5\text{ K}, R_b = 5\text{ K}$,则其输入输出表达式应为_____。

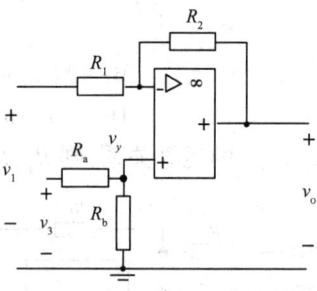

A. $v_o = 3v_3 - 2v_1$ B. $v_o = 1.5v_3 - 2v_1$

C. $v_o = 2v_3 - 2v_1$ D. $v_o = 2v_3 + 3v_1$

13. 下图中若电阻参数为 $R_1 = 10\text{ K}, R_2 = 10\text{ K}, R_a = 5\text{ K}, R_b = 5\text{ K}$,则其输入输出表达式应为_____。

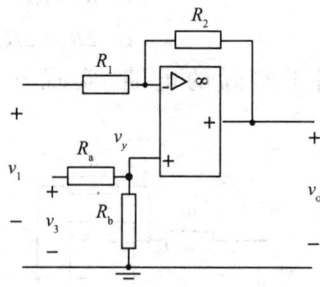

A. $v_o = 2v_3 - v_1$ B. $v_o = v_3 - v_1$

C. $v_o = v_3 + 2v_1$ D. $v_o = v_3 + v_1$

14. 减法运算电路分析方法正确的是_____。
①同相端输入电压减去反相端输入电压;②反相端输入电压减去同相端输入电压;③运用线性叠加原理,对每一输入分别求出响应,再相加得出总响应

A. ① B. ②
C. ③ D. ①②③均不正确

15. 电路如图所示,$R_1 = R_2 = R_3 = R_4$,$u_{i1} = 2$ V,$u_{i2} = -2$ V,则输出电压 u_o 为_____。

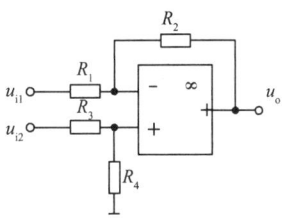

A. 4 V B. -4 V
C. 0 V D. -6 V

16. 电路如图所示,输入为 u_i,则 $u_o =$ _____。

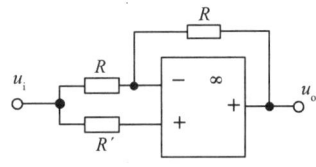

A. u_i B. $-2u_i$
C. $3u_i$ D. $-u_i$

17. 电路如图所示,则 $u_o =$ _____。

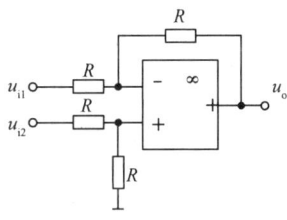

A. $u_{i1} - u_{i2}$ B. $u_{i1} + u_{i2}$
C. $u_{i2} - u_{i1}$ D. 0

18. 如图所示电路的输入电阻 $R_i =$ _____。

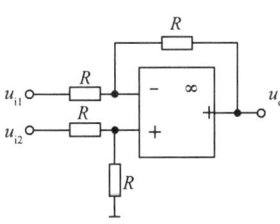

A. R B. $2R$
C. $4R$ D. $0.5R$

19. 欲将方波电压转换成尖脉冲电压,应选用_____运算电路。
    A. 比例   B. 加减
    C. 微分   D. 积分

20. 如图由运算放大器构成的运算电路,输出 u_o 与输入 u_i 之间的关系是_____。

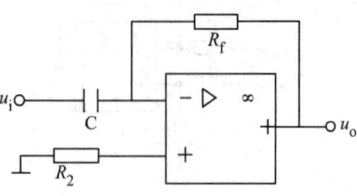

    A. $u_o = -R_f C \dfrac{du_i}{dt}$ B. $u_o = -\dfrac{1}{R_f C}\dfrac{du_i}{dt}$

    C. $u_o = -R_f C \int u_i dt$ D. $u_o = -\dfrac{1}{R_f C}\int u_i dt$

21. 如图由运算放大器构成的运算电路,已知 $C=1\ \mu F$,为获得 $u_o = -2\dfrac{du_i}{dt}$,那么 R_f 应为_____。

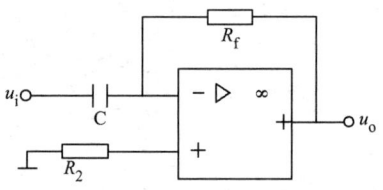

    A. 视 R_2 值而定   B. 2 000 MΩ
    C. 2 MΩ   D. 1 MΩ

22. 只需将反相输入端的_____和反馈_____调换位置,积分电路就可以成为微分电路。
    A. 电阻;电容   B. 电容;电阻
    C. 电阻;电感   D. 电感;电容

23. 电路如图所示,能够实现 $u_o = -R_1 C$ 运算关系的是_____。

A. 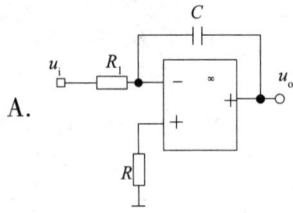   B.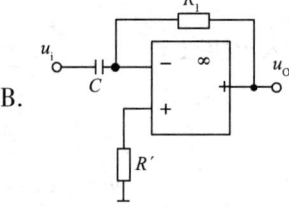

C.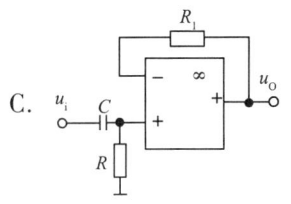

D.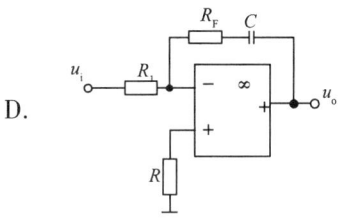

24. 电路如图所示，此电路是_____。

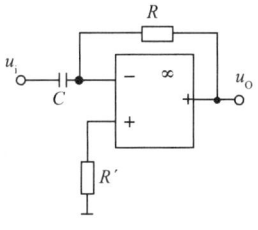

A. 积分电路 　　　　　　　　　　　B. 微分电路
C. 比例微分电路　　　　　　　　　D. 比例积分电路

25. 电路如图 1 所示，若输入电压 u_i 为系列方波（如图 2 所示），则输出电压 u_o 的波形为_____。

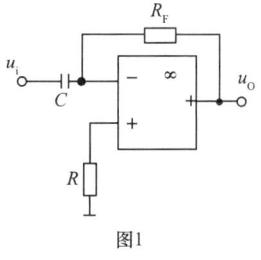
图1

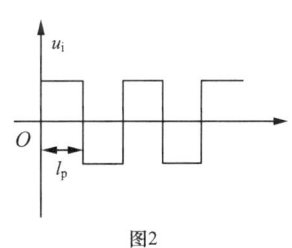
图2

A. 方波　　　　　　　　　　　　　B. 三角波
C. 尖顶脉冲波　　　　　　　　　　D. 正弦波

26. 电路如图所示，若 $R_F=2\ \text{M}\Omega$，输出电压 $u_o=-4\ \text{V}$，则电容 C 的值为_____。

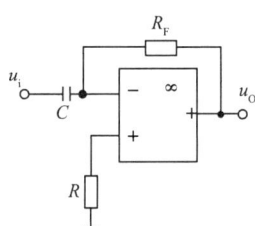

A. 2 μF　　　　　　　　　　　　　B. 0.5 μF
C. 0.125 μF　　　　　　　　　　　D. 1 μF

27. 电路如图所示，若 $C=2\ \mu\text{F}$，输出电压 $u_o=-4\ \text{V}$，则电阻 R_F 的值为_____。

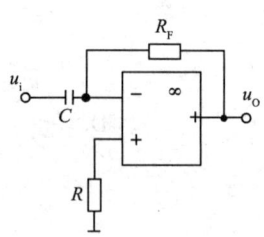

A. 2 MΩ B. 0.5 MΩ
C. 0.125 MΩ D. 2 kΩ

28. 如图由运算放大器构成的运算电路,已知 $C = 1$ μF,为获得,那么 R_1 应为_____。

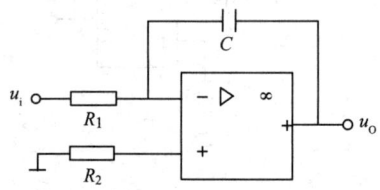

A. 视 R_2 值而定 B. 1 MΩ
C. 1 000 MΩ D. 0.001 MΩ

29. 反相输入积分运算电路的电容应接在电路的_____。

A. 反相输入端 B. 同相输入端
C. 同相输入端与输出端之间 D. 反相输入端与输出端之间

30. 实现积分运算的电路是_____。

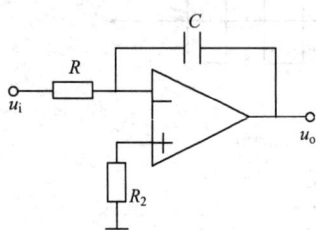

A.

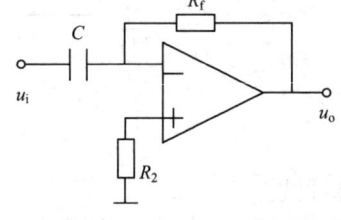

B.

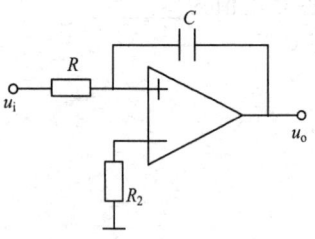

C.

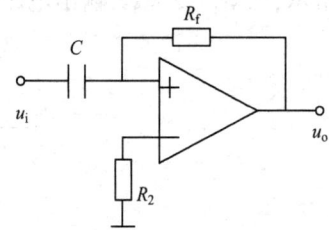

D.

31. 电路如图所示,该电路为_____。

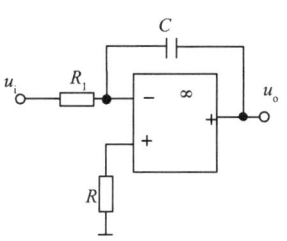

A. 比例积分电路 B. 积分电路
C. 微分电路 D. 比例微分电路

32. 电路如图所示，已知 $R_1 = 0.5\ \text{M}\Omega$，为了实现 $u_o = -2\int_0^t u_i \text{d}t$，则 C 为_____。

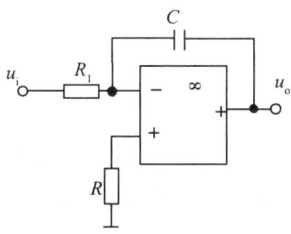

A. 1 μF B. 2 μF
C. 4 μF D. 0.5 μF

33. 电路如图所示，已知 $C = 1$ μF，为了实现 $u_o = -2\int_0^t u_i \text{d}t$，则 R_1 为_____。

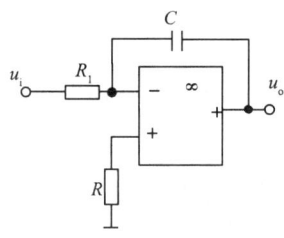

A. 0.5 MΩ B. 2 MΩ
C. 4 MΩ D. 1 MΩ

34. 电路如图所示，过零比较器为_____。

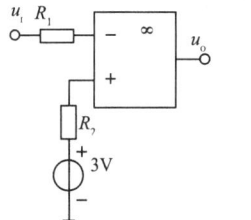

A. B.

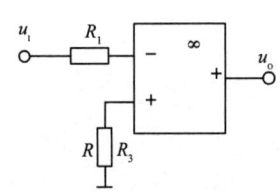
C.

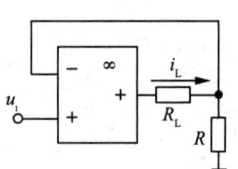
D.

35. 电路如图所示，输入电压 $u_i = U_{IM}\sin\omega t$ (V)，电源电压为 U，则输出电压 u_o 的最大值约为_____。

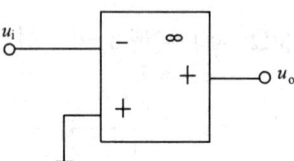

A. U
B. U_{IM}
C. 1/2 U
D. 1/2 U_{IM}

36. 电路如图所示，输入电压 $u_i = 2\sin\omega t$ (V)，则输出电压 u_o 为_____。

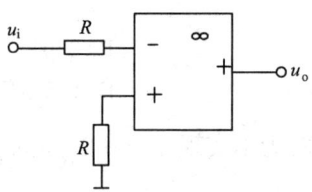

A. 与 u_i 同相位的方波
B. 与 u_i 反相位的方波
C. 与 u_i 同相位的正弦波
D. 与 u_i 反相位的正弦波

37. 电路如图所示，输入电压 $u_i = 3\sin\omega t$ (V)，则输出电压 u_o 为_____。

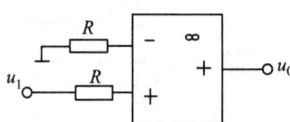

A. 与 u_i 同相位的方波
B. 与 u_i 反相位的方波
C. 与 u_i 同相位的正弦波
D. 与 u_i 反相位的正弦波

38. 电路如图所示，输入电压 $u_i = 10\sin\omega t$ (mV)，则输出电压 u_o 为_____。

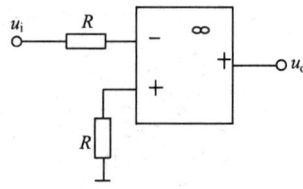

A. 余弦波 B. 方波
C. 正弦波 D. 三角波

39. 如图所示,电路为_____。

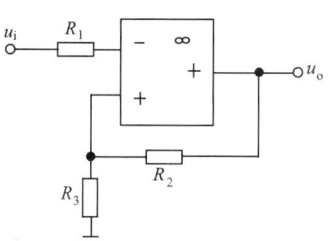

A. 反相比例运算电路 B. 同相比例运算电路
C. 减法电路 D. 电压比较器

40. 如图电路,运放的饱和电压为 $u_o(set)$,当 $u_i > u_R$ 时, u_o 等于_____。

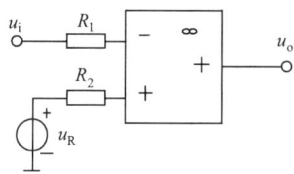

A. $+u_o(set)$ B. $-u_o(set)$
C. 0 D. u_R

41. 如图电路,运放的饱和电压为 $u_o(set)$,当 $u_i < u_R$ 时, u_o 等于_____。

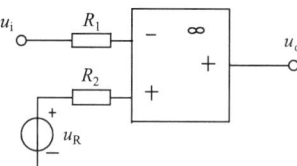

A. $+u_o(set)$ B. $-u_o(set)$
C. 0 D. u_R

42. 电路如图所示,运算放大器的饱和电压为 12 V,稳压管的稳定电压为 6 V,设正向压降为 0,当输入电压 $u_i = 1$ V 时,则输出电压 u_o 等于_____。

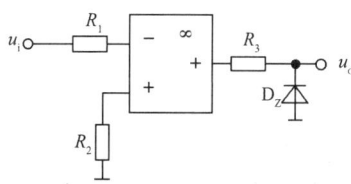

A. 12 V B. 6 V

C. 0 V D. -6 V

第十一节　反馈放大电路的分析方法

1. 分析理想运放的两个重要概念是_____。
   A. 虚短与虚接　　　　　　　　B. 虚断与虚短
   C. 断路与短路　　　　　　　　D. 虚断与虚接

2. 如图关于简单的理想运算放大器模型,下列说法错误的是_____。

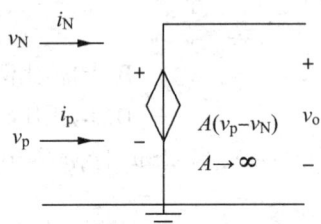

简单的理想运算放大器模型

   A. 对于理想运算放大器,流入运放的同相输入端和反向输入端的电流为0,即 $i_p = i_N = 0$,称为虚断
   B. 对于理想运算放大器,$(v_p - v_N)$ 的值趋近于0,即 $v_p = v_N$,称为虚短
   C. 在理想运算放大器模型中一般认为输出电阻值为无穷大
   D. 在理想运算放大器模型中一般认为开环电压增益 A 为无穷大

3. 理想运算放大器的两个输入端的输入电流等于零,原因是_____。
   A. 同相端和反相端的输入电流相等而相位相反
   B. 运放的差模输入电阻接近无穷大
   C. 运放的开环电压放大倍数接近无穷大
   D. 运放的输出电阻接近零

4. 理想运算放大器的开环差模输入电阻 R_{id} 为_____。
   A. 无穷大　　　　　　　　　　B. 约几百千欧
   C. 约几百欧姆　　　　　　　　D. 零

5. 理想运算放大器的开环电压放大倍数 A_{uo} 为_____。
   A. 无穷大　　　　　　　　　　B. 约 120 dB
   C. 约 10 dB　　　　　　　　　D. 零

6. 理想运算放大器的共模抑制比 K_{CMR} 为_____。
   A. 无穷大　　　　　　　　　　B. 约 120 dB
   C. 约 10 dB　　　　　　　　　D. 零

7. 关于线性集成运放,下列说法错误的是_____。
   A. 用于同相比例运放时,闭环电压放大倍数总是大于等于1
   B. 一般的运算电路都可以应用"虚短""虚断"的概念求出输入与输出的关系

C. 在一般的模拟运算电路中往往要引入负反馈

D. 一般的模拟运算电路中,集成运放的反相输入端总是"虚地"

8. 如图所示线性理想化集成运放,虚短指的是_____。

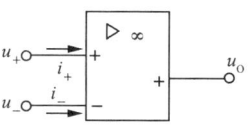

A. $u_+ = u_-$ 　　　　　　　　　　B. $i_+ = i_-$

C. $i_+ = i_- = 0$ 　　　　　　　　　D. $u_+ = u_- = 0$

9. 如图所示线性理想化集成运放,虚断指的是_____。

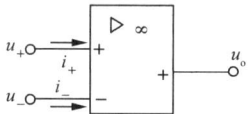

A. $u_+ = u_-$ 　　　　　　　　　　B. $i_+ = i_-$

C. $i_+ = i_- = 0$ 　　　　　　　　　D. $u_+ = u_- = 0$

10. 运算放大器电路如图所示,R_{F1} 和 R_{F2} 均为反馈电阻,其反馈极性为_____。

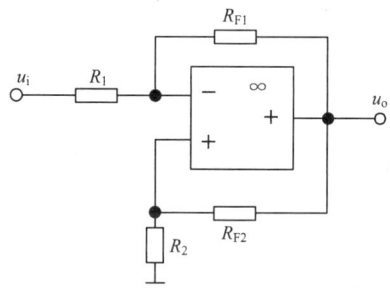

A. R_{F1} 引入的为正反馈,R_{F2} 引入的为负反馈

B. R_{F1} 和 R_{F2} 引入的均为负反馈

C. R_{F1} 和 R_{F2} 引入的均为正反馈

D. R_{F1} 引入的为负反馈,R_{F2} 引入的为正反馈

第十二节 三端集成稳压器

1. 三端集成稳压器7805接法如图所示,消除自激振荡的引脚电容 C_1 典型值是_____。

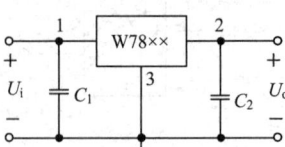

   A. 0.33 μF B. 10 μF
   C. 100 μF D. 1 000 μF

2. 有关集成稳压芯片78/79系列组成的直流稳压电路的特点,不包括_____。
   A. 电路内部具有过流、过热及调整管的保护电路
   B. 所需的外围元件极少
   C. 安装容易,且价格低廉
   D. 即便集成稳压电路的三端接错,也不容易烧坏,所以使用起来可靠、方便

3. 关于三端集成稳压电路,下列说法错误的是_____。
   A. 在实际应用中,要注意在三端集成稳压电路上安装合适的散热器(小功率可以不用)
   B. 三端集成稳压电路的输入、输出和接地端绝不能接错,不然容易烧坏
   C. 三端集成稳压电路一般应使输入、输出电压差保持在2 V以内
   D. 并联使用的集成稳压电路最好采用同一厂家、同一批号的产品,以保证参数的一致

4. 三端集成稳压器AN7912的输出电压是_____。
   A. 5 V   B. -5 V
   C. 12 V   D. -12 V

5. 三端集成稳压器CW7824的输出电压是_____。
   A. 12 V   B. -12 V
   C. 24 V   D. -24 V

6. 三端固定集成稳压器负载增大时,输出电压值_____。
   A. 不变   B. 增加
   C. 减小   D. 不确定

7. 下列不属于三端固定集成稳压器引出端的是_____。
   A. 输入端 B. 输出端
   C. 公共端 D. 使能端

8. W7800系列集成稳压器输出_____。
   A. 正电压 B. 负电压
   C. 既能输出正电压也能输出负电压 D. 无法确定

9. 三端集成稳压器W7912的输出电压为_____。
   A. 9 V   B. -9 V
   C. 12 V   D. -12 V

参考答案

第一节　半导体

1. D	2. D	3. C	4. C	5. B	6. A	7. A	8. B	9. B	10. C
11. B	12. A	13. D	14. A	15. B	16. D	17. A	18. B	19. C	20. D

第二节　二极管

1. C	2. A	3. D	4. C	5. A	6. C	7. D	8. A	9. A	10. D
11. B	12. A	13. B	14. C	15. B	16. A	17. C	18. C	19. A	20. C
21. A	22. C	23. A	24. B	25. A	26. B	27. B	28. A	29. B	30. B
31. B	32. D								

第三节　单相半波和桥式整流电路

1. B	2. A	3. B	4. B	5. A	6. C	7. B	8. A	9. A	10. A
11. D	12. B	13. A	14. C	15. C	16. C	17. D	18. A	19. D	

第四节　滤波电路和稳压电路

1. B	2. C	3. B	4. B	5. C	6. D	7. B	8. D	9. C	10. A
11. C	12. C	13. C	14. D	15. D	16. A	17. C	18. B		

第五节　三极管

1. A	2. C	3. B	4. C	5. B	6. D	7. A	8. A	9. B	10. C
11. A	12. A	13. C	14. A	15. B	16. B	17. A	18. B	19. A	20. B
21. B	22. B	23. D	24. D	25. C	26. C	27. D	28. D	29. C	30. B
31. D	32. A	33. A							

第六节　三极管基本放大电路

1. A	2. B	3. B	4. C	5. B	6. C	7. A	8. A	9. B	10. C
11. D	12. D	13. A	14. A	15. B	16. C	17. B	18. C	19. A	20. A
21. A	22. C	23. C	24. A	25. B	26. D	27. C	28. A	29. B	30. C

31. B 32. B 33. C 34. D 35. A 36. B 37. A 38. D 39. B

第七节　FET 结构和特点

1. D 2. A 3. A 4. B 5. D 6. B 7. B 8. D 9. C 10. A
11. C 12. D 13. D 14. C 15. B 16. A 17. C

第八节　温度对半导体的影响

1. D 2. C 3. C 4. B 5. A 6. B 7. A 8. A 9. D 10. C

第九节　集成运算放大器

1. D 2. B 3. D 4. D 5. B 6. D 7. C 8. A 9. C 10. A
11. A 12. D 13. A 14. C 15. D 16. C 17. D 18. C 19. A 20. A
21. C 22. C 23. A 24. C 25. D 26. A 27. C 28. B 29. C 30. A
31. A 32. C 33. A 34. B 35. A 36. B 37. B 38. D

第十节　运算放大器

1. A 2. C 3. C 4. A 5. C 6. A 7. B 8. B 9. A 10. D
11. A 12. B 13. B 14. C 15. B 16. A 17. C 18. B 19. C 20. A
21. C 22. A 23. C 24. C 25. C 26. A 27. A 28. C 29. D 30. A
31. B 32. A 33. A 34. B 35. A 36. B 37. A 38. B 39. D 40. B
41. A 42. C

第十一节　反馈放大电路的分析方法

1. B 2. C 3. B 4. A 5. A 6. A 7. D 8. A 9. C 10. D

第十二节　三端集成稳压器

1. A 2. D 3. C 4. D 5. C 6. A 7. D 8. A 9. D

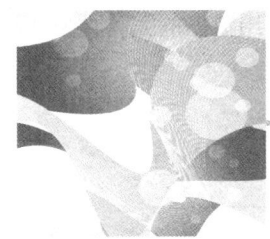

第三章 船上专用计算机系统

第一节 IBS

1. IBS 的报警的优先权按照等级分为_____。
   A. 突发事件报警,遇险、紧急和安全报警,基本报警,次要报警
   B. 遇险、紧急和安全报警,突发事件报警,主要报警,次要报警
   C. 基本报警,遇险、紧急和安全报警,突发事件报警
   D. 遇险报警,紧急报警,基本报警

2. 关于 INS(A)、INS(B)、INS(C)和 IBS,功能上从复杂到简单的排列顺序是_____。
   A. IBS、INS(C)、INS(B)、INS(A)　　B. IBS、INS(A)、INS(B)、INS(C)
   C. INS(A)、INS(B)、INS(C)、IBS　　D. INS(C)、INS(B)、INS(A)、IBS

3. 关于综合导航系统(INS),下列说法错误的是_____。
   A. INS(A)能够提供船位、航速、航向等信息
   B. INS(B)除了包括 INS(A)的功能外,还能够提供有助于避开危险的相关信息
   C. INS(C)除了包括 INS(A)的功能外,还能自动控制航向、航迹等
   D. INS(C)除了包括 INS(B)的功能外,还能监视、控制船舶的状态和性能

4. 按照标准的报警管理要求,有关 IBS 的报警管理,叙述错误的是_____。
   A. IBS 的报警管理至少要满足 IMO A.830(19)的报警编码和说明要求
   B. 报警的数量要设计得尽可能少
   C. 报警必须要有提示信息,以便明晰报警产生的原因和造成的后果
   D. 报警的优先权按等级分为三级

5. 有关综合驾驶台系统(IBS)的基本配置,叙述错误的是_____。
   A. 满足有关国际公约和船级社的规定和要求
   B. 可根据不同的船舶类型和船舶所有人要求确定
   C. INS(A)在 INS(B)基础上,只需再配置双雷达系统
   D. 受船舶上导航设备配置及环境的制约

6. INS 应该确保分配到相关子系统的不同类型的信息采用了 CCRS。CCRS 的信息要满足_____。
   ①有效性;②可信性;③延时性;④参照相同的地点和时间

A. ①② B. ①②③
C. ①②③④ D. ②③④

7. 对于_____数据,INS 能够接收来自多传感器的输入,用以验证 INS 使用数据的完善性。
①艏向;②对水速度;③电子定位系统;④时间;⑤位置;⑥对地速度
A. ①②④⑤⑥ B. ①②③④⑤
C. ①②③④⑤⑥ D. ①②④⑤

8. INS 经过完善性监测后的数据,必须加以数据标注,下列描述错误的是_____。
A. 经过完善性监测的数据要标注完善性监测的结果
B. 未通过完善性监测的数据不能用在自动控制系统中
C. 未通过完善性监测的数据不能用在数据备份中
D. 当未执行完善性检查时,数据的状态要标注"待查"

9. 按照标准的数据交换要求,IBS 内部的连接和 IBS 的接口必须符合_____标准。
A. RS-232 B. RS-422
C. NMEA0138 D. IEC 61162

10. 根据 IBS 的 IEC 61209 性能标准的总体要求,其他任何操作都不能中断正在运行之中的_____功能。
A. 通信 B. 航路执行
C. 机械控制 D. 船舶保安

11. _____不是船载航行数据记录仪的系统组成。
A. 数据处理器 B. 传感器接口及信号处理电路
C. 主柴油机 D. 麦克风组

12. 在船舶综合驾驶台系统中,IBS 已经成为_____于一体的智能化、网络化的综合航行系统。
A. 导航、监控、管理 B. 导航、监控、显示
C. 导航、管理、显示 D. 导航、监控、管理、显示

13. 根据 IMO 性能标准要求,IBS 应该执行以下两项或更多的操作,包括_____。
①航路执行;②通信;③机械控制;④装卸载和货运管理;⑤航行安全和船舶保安;⑥系统管理
A. ①②③④⑤⑥ B. ①②③④⑤
C. ①② D. ①④⑤⑥

14. 在 INS 中,输入航行管理系统的对水航速信息来自_____,而对地航速信息来自_____。
A. 计程仪;GPS B. 计程仪;ECDIS
C. GPS;计程仪 D. 手动输入;GPS

15. IBS 经过多年的发展,不断进行技术创新,功能日趋完善。在硬件组合上,由_____向_____发展。
A. 接口连接;网络连接 B. 接口连接;数字连接
C. 数字交换;数据监测 D. 数字交换;数据连接

16. IBS 经过多年的发展,不断进行技术创新,功能日趋完善。在人机交互界面上,采用遥控多页面显示技术,实现_____等任意切换。

①雷达图像;②ECDIS;③综合信息显示;④VHF 天线
  A. ①②③ B. ②③④
  C. ①②④ D. ①③④

17. 按照 IBS 标准的故障分析要求,下列说法错误的是_____。
  A. IBS 应该指明可能发生的系统错误和与一般功能有关的链接错误
  B. IBS 要指明与操作、功能、状态等有关的错误产生的后果
  C. 每个故障与其对 IBS 相关特性的影响要归类
  D. 通过对故障进行分析确认 IBS 继续操作是否可以保证船舶安全

18. 按照 IBS 标准的最低要求,INS 各个子系统提供的信息的_____要满足 IMO 对每个独立设备的性能标准的要求,并且 INS _____降低由每个传感器提供的数据精度。
  A. 精度;不能 B. 精度;能
  C. 显示;能 D. 显示;不能

19. INS 具备 IBS 标准规定的航线监控功能。如果 INS 包括航迹控制功能,则应提供_____。
  A. 与航迹跟踪和操纵相关的信息显示和监控
  B. 导航时允许 ECDIS 显示雷达跟踪目标
  C. 水流信息
  D. 潮汐信息

20. INS 报警管理系统的报警和响应功能,_____由集中的船舶报警管理系统来替代。
  A. 可以 B. 不定
  C. 不可以 D. 有时可以,有时不可以

21. 所有 INS 的报警及其来源_____显示在导航工作台和综合信息工作台上。
  A. 应该 B. 不应该
  C. 不定 D. 有时应该,有时不应该

第二节　航行数据记录仪

1. 航行数据记录仪的系统组成包括_____。
  ①数据处理器;②传感器接口及信号处理电路;③麦克风组;④数据保护舱;⑤报警指示器;⑥电源和数据回放设备
  A. ①②③④⑤ B. ①②③④⑥
  C. ②③④⑤⑥ D. ①②③④⑤⑥

2. VDR 的电源包括_____。
  ①船舶主电源;②应急电源;③专用备用蓄电池电源
  A. ①② B. ①③
  C. ②③ D. ①②③

3. 当船舶主电源和应急电源都断电时,VDR 的专用备用电源可以保证系统再连续记录_____的驾驶台语音数据,之后系统将自动停止所有记录。
  A. 1 h B. 2 h

C. 4 h   D. 12 h

4. 根据 VDR 的性能标准,它保存的运行数据信息必须包括_____。
①导航仪器数据;②雷达图像;③通信音频数据;④操作状态数据;⑤ECDIS;⑥CCTV
A. ①②③④⑤⑥   B. ①②③④⑤
C. ①②③④   D. ①②③⑤

5. VDR 的专用备用电源位于_____。
A. 蓄电池间   B. 主控制箱内
C. 主控制箱附近   D. 与 GMDSS 蓄电池位于同一位置

6. VDR 俗称"船舶黑匣子",该系统主要由_____组成。
A. 主机、传感器、数据存储器、专用备用电源和回放再现系统
B. 主机、传感器、专用备用电源和回放再现系统
C. 传感器、数据存储器、专用备用电源和回放再现系统
D. 主机、专用备用电源和回放再现系统

7. 送到 VDR 进行处理的驾驶台麦克风组的语音信号是_____。
A. 模拟量   B. 数字量
C. 开关量   D. NMEA 或 IEC 61162 格式信号

8. VDR 是通过_____和其他传感器通信的。
①模拟量信号;②开关量信号;③NMEA 或 IEC 61162 格式信号
A. ①②   B. ①③
C. ②③   D. ①②③

9. 在 VDR 中,数据处理模块的作用是_____。
A. 将各种船舶状态信号变换为格式统一的信号
B. 处理模拟量信号
C. 处理开关量信号
D. 处理线性量

10. 在 VDR 中,语音模块的作用是_____。
A. 处理采集到的驾驶台语音信号、VHF 通信信号
B. 处理采集到的驾驶台语音信号
C. 处理采集到的 VHF 通信信号
D. 处理采集到的驾驶台语音信号、VHF 通信信号、MF/HF 信号

11. VDR 的主要功能是_____。
A. 船舶各种航行数据的记录   B. 显示船舶的动态信息
C. 显示船舶的静态信息   D. 记录船舶运动轨迹

12. 船舶主电源系统故障时,VDR _____。
A. 停止工作
B. 应急电源可以保证系统再连续记录 2 h 的驾驶台语音数据
C. 应急电源供电继续工作
D. 由备用电源供电继续工作

13. 航行数据记录仪(VDR)是一种以安全并可恢复的方式实时记录保存有关船舶发生事故前后一段时间内的_____等有关信息,记录船舶航行数据的设备。
①船舶位置;②船舶动态;③船舶物理状况;④命令和操纵手段
  A. ③④   B. ①②④
  C. ①②③   D. ①②③④

14. 航行数据记录仪(VDR),_____,可以获得存储在记录仪中的数据,作为处理事故的客观凭证。
  A. 只有主管机关   B. 主管机关和船舶所有人
  C. 只有船舶所有人   D. 只有货主

15. 属于航行数据记录仪(VDR)配置数据的是_____。
  A. 导航仪器数据   B. 船舶呼号
  C. 雷达图像   D. AIS 数据

16. 属于航行数据记录仪(VDR)运行数据的是_____。
  A. 船舶国际编码   B. 雷达图像
  C. 船舶呼号   D. 船籍港

第一节　IBS

1. A   2. A   3. C   4. D   5. C   6. C   7. C   8. D   9. D   10. B
11. C   12. D   13. A   14. A   15. A   16. A   17. A   18. A   19. A   20. A
21. A

第二节　航行数据记录仪

1. D   2. D   3. B   4. C   5. B   6. A   7. A   8. D   9. A   10. A
11. A   12. C   13. D   14. B   15. B   16. B

第四章 船舶内部通信系统

第一节 自动电话系统

1. 电话交换机有几种基本呼叫任务,根据进出交换机的呼叫流向及发起呼叫的起源,可将呼叫分为_____。
   ①本局呼叫;②出局呼叫;③入局呼叫;④转移呼叫
   A. ①②③④　　　　　　　　　　B. ①②③
   C. ①④　　　　　　　　　　　　D. ②③④

2. 如果通过技术手段将船舶交换机与 SSB、VHF 或者 Inmarsat 船站互联,它还将具有_____功能。
   ①本局呼叫;②出局呼叫;③入局呼叫;④转移呼叫
   A. ①②③④　　　　　　　　　　B. ②③
   C. ①④　　　　　　　　　　　　D. ②③④

3. 程控交换机的实质是_____。
   A. 电子计算机　　　　　　　　　B. 数字电子计算机控制的交换机
   C. 数字电子计算机　　　　　　　D. 交换机

4. 船用程控电话交换机控制部分包括中央处理器、_____和输入输出设备。
   A. 交换网络　　　　　　　　　　B. 中继器
   C. 存储器　　　　　　　　　　　D. 用户电路

5. 船用程控交换机的话路系统的核心部分是_____。
   A. 交换网络　　　　　　　　　　B. 用户电路
   C. 中继设备　　　　　　　　　　D. 信号设备

6. _____的自动电话,不用设置外加的来电声光信号装置。
   A. 机舱集控室　　　　　　　　　B. 主机旁操纵台
   C. 应急发电机房　　　　　　　　D. 船员餐厅

7. 在船首和船尾等露天开放场所安装的电话通常是_____。
   A. 嵌入式　　　　　　　　　　　B. 防爆式
   C. 防风防雨式　　　　　　　　　D. 抗噪声式

8. 在船舶易燃、易爆处所安装的电话通常是_____。

A. 嵌入式 B. 防爆式
C. 防风防雨式 D. 抗噪声式

9. 船用程控电话交换机的话路系统部分包括_____。
①交换网络；②中继器；③用户电路；④信号设备；⑤输入输出设备
A. ①②③④⑤ B. ①②③④
C. ①③④⑤ D. ①②③⑤

10. 对于程控电话系统,在交换机检测到通信的双方中有一方挂机时,_____。
A. 等候对方挂机时中断接续 B. 等候 1 s 中断接续
C. 等候 2 s 中断接续 D. 立即中断接续

11. 船用程控交换机的话路系统包括所有提供电话接续任务的终端和交换设备,其核心部分是_____。
A. 交换网络 B. 用户电路
C. 中继设备 D. 信号设备

12. 现代船舶上自动电话的主要功能是_____。
A. 用于船舶和陆地之间日常工作和事务的通信联络
B. 用于驾驶台和机舱之间备车等操作性事务的通信联络
C. 用于各舱室之间日常工作和事务的通信联络
D. 用于驾驶台和船头、船尾抛锚、起锚、靠离泊等操作性事务的通信联络

13. 目前来看,船舶自动电话交换机主要完成本局呼叫,如果想具备入局和出局呼叫功能,需要通过_____与陆地电话网络相连接。
A. 引航接口(Pilot Plug) B. 自动连接系统(ACS)
C. 数字选择性呼叫(DSC)技术 D. 地面或者卫星通信系统

14. 现代船舶上自动电话系统的核心是_____。
A. 程控电话交换机 B. 出站中继器
C. 无线路由器 D. 送受话器

15. 电话交换机有 4 种基本呼叫任务,分别是_____。
A. 本局呼叫、出局呼叫、入局呼叫和转移呼叫
B. 一般呼叫、安全呼叫、紧急呼叫和遇险呼叫
C. 语音呼叫、数据呼叫、文本呼叫和视频呼叫
D. 本地呼叫、沿岸呼叫、近海呼叫和远洋呼叫

16. 程控交换机系统主要由两部分组成,它们是_____。
A. 中央处理机和输入输出系统
B. 程序和数据
C. 由话路系统和控制系统构成的硬件部分,以及由程序和数据构成的软件部分
D. 话路系统和控制系统

17. 如果在船的主机旁设置船用程控电话系统的分机,宜采用的形式是_____。
A. 防爆式 B. 防风雨式
C. 嵌入式和壁挂式 D. 头戴抗噪声式

18. 有关船用程控电话系统描述正确的是_____。
    A. 程控电话交换机根据使用场所环境的不同,船用程控电话系统话机有壁挂式、防风防雨式等不同款式
    B. 船用程控电话系统内所有话机都拥有相同的通话优先权
    C. 船用程控电话系统内电话分机一般安装于船舶走廊和室外等开阔场地
    D. 船用程控电话系统容量可以是无限的

19. 检测主叫用户摘机,并监听主叫用户拨叫号码的是船用程控电话系统的_____部分。
    A. 话路系统   B. 控制系统
    C. 输入输出系统   D. 入站、出站中继器

20. 船用程控交换机话路系统的终端包括_____。
    ①用户电路;②扫描电路;③中继设备;④信号设备
    A. ①②③④   B. ①②③
    C. ②③④   D. ①③④

21. 船用自动电话多采用程控式交换机,其工作原理是_____。
    A. 利用预先编制的控制软件,并根据对外部状态的扫描数据来完成交换机的工作
    B. 利用电磁元件控制机械式的接线阵列完成交换机的工作
    C. 利用主唤用户话机上的选择开关,选择受话用户
    D. 利用电子器件控制机电式的接线器完成交换机的工作

22. 下列对船用程控电话交换机电源的叙述中,正确的是_____。
    A. 大都采用两种不同的供电方式,即主用交流 380 V 电源和备用直流 24 V 电源
    B. 当交流掉电时可自动切换至备用直流 24 V 电源,保证通信不间断
    C. 备用电源为专用的内置电池
    D. 交流电源经变换装置获得直流电压,再与蓄电池并联,两者同时给交换机供电

23. 根据安装场所的不同,电话分机也有多个不同种类,以下说法错误的是_____。
    A. 嵌入式电话和壁挂式电话适用于普通场所
    B. 防爆式电话用于含有爆炸性气体的环境
    C. 防风防雨式电话带有保护箱,主要用于船首和船尾等露天开放场所
    D. 机舱等高噪声的场所应备有头戴式抗噪声送受话器,且必须配有闪光提示器,意在通过视觉来提醒话机附近的人员

24. 船用程控电话交换机控制部分包括_____。
    ①中央处理器;②存储器;③输入输出设备;④出(入)中继器
    A. ①②③④   B. ①②③
    C. ①②④   D. ①②

25. 有关船用程控电话交换机,以下说法错误的是_____。
    A. 交换网络可以是接线器,也可以是电子形状矩阵,即电子接线器
    B. 交换网络不能是模拟空分的,而必须是数字时分的,并由 CPU 发送控制命令驱动
    C. 出中继器和入中继器是和中继线相连的接口电路,保持与船舶外网的连接,但此功能很少有船舶真正具有

D. 用户电路是每个用户独用的设备,包括用户状态的监视和与用户有关的功能

26. 船用自动电话系统的核心是_____。
   A. 程控电话交换机   B. 声力电话
   C. 程控电话   D. 程控声力交换机

27. 船用自动电话系统的程控电话交换机,在船舶主要用来完成_____。
   A. 本局呼叫   B. 次局呼叫
   C. 出局呼叫   D. 入局呼叫

28. 不需话务员,自动建立接续的交换方式,称为_____交换。
   A. 网络   B. 自动
   C. 分组   D. 人工

29. 连接某一话路并能按照该电路的状态,接收和响应控制信号的,称为_____功能单元。
   A. 交换网络   B. 信号交换
   C. 中继器   D. 用户电路

第二节 应急声力电话系统

1. 下列场所,一般不需要设置声力电话的是_____。
   A. 机舱集控室   B. 驾驶台
   C. 舵机舱   D. 轮机长室

2. 在实际应用中,声力电话分为_____和_____两种。
   A. 直通型;选通型   B. 模拟型;数字型
   C. 直拨型;转接型   D. 直通型;间接型

3. 下列船舶处所中,一般不需要配备声力电话的是_____。
   A. 主机机旁操车台   B. 舵机舱应急操舵处
   C. 机舱集控室的控制台   D. 船长室

4. 船舶安装声力电话的初衷是_____。
   A. 为了节省电源
   B. 为了提高通话质量
   C. 为了解决某些关键处所不方便安装程控电话的问题
   D. 在船舶内部失去电力时,仍能够保持内部必要的通信

5. 就安装位置和通信方式来讲,驾驶台与_____之间的船舶内部通信不是至少应确保且随时可用的电话系统。
   A. 机器控制室   B. 舵机舱内操舵装置控制位置
   C. 无线电室   D. 蓄电池室

6. 船用程控电话系统以_____为核心,分为_____。
   A. 程控交换机;话路系统和控制系统   B. 程控交换机;用户电路和信号设备
   C. 中央处理器;话路系统和控制系统   D. 中央处理器;用户电路和信号设备

7. 船用程控电话系统中属于话路系统的是_____。

A. 存储器 B. 信号设备
C. 驱动器 D. 中央处理器

8. 下列属于船舶直通型声力电话组成部分的是_____。
   A. 单工设备 B. 双工设备
   C. 通话设备 D. 驱动设备

9. 直通型声力电话系统是一种_____通信设备。
   A. 两线制 B. 三线制
   C. 四线制 D. 五线制

10. _____场所,按照规定除配备有程控电话外,还要求配置声力电话,以保证通信的可靠性。
    A. 船长室 B. 艏艉部
    C. 轮机长室 D. 救生艇

11. 下列属于船用扩音机组成部分的是_____。
    A. 嵌入式设备 B. 扬声器
    C. 遥控接口电路 D. 换能器

12. 有关船用声力电话,以下说法正确的是_____。
    A. 安装声力电话的目的就是当船舶失去电源时仍然可以进行内部通话
    B. 声力电话主要为海上石油平台、油输、石油化工企业等有爆炸性气体混合物存在的危险场所提供安全可靠的内部通信
    C. 船舶上的一些重要场所,如主机旁、舵机舱、驾控台、集控台等,按规定必须配置声力电话,因此可不必再配备自动电话
    D. 声力电话的供电主要靠内置电池,平时靠手摇发电机给它充电

13. 安装声力电话的目的就是当船舶失去电源时仍然可以进行内部通话,一般不需要设置声力电话的是_____。
    A. 驾驶台 B. 舵机舱
    C. 机舱集控室 D. 轮机长室

14. 如果想利用声力电话系统实现多路通话,需要选择_____声力电话。
    A. 选通型 B. 直通型
    C. 程控型 D. Inmarsat-F 型

15. 船用声力电话系统中,信号设备的作用是发送和接收呼叫信号,设备构成包括_____等。
    ①手摇发电机;②拨号装置;③电铃;④氖灯
    A. ①②③④ B. ③④
    C. ①② D. ①②④

16. 在声力电话系统中,话机终端上的摇柄的作用是_____。
    A. 为设备通信提供电力 B. 向受话人终端发出通话申请
    C. 线路带点检测 D. 增音作用

17. 目前,船用声力电话系统多采用增音技术,其特点是_____。
    A. 在其话机中装有内置电池,平时系统处在增音通话状态,需要外接 DC 24 V 供电,但在外接电源断电的情况下,能自动转换为声力通话,此时由机内电池来供电

B. 平时系统处在增音通话状态,需要外接DC 24 V供电,但在外接电源断电的情况下,能自动转换为声力通话,此时话音没有放大功能

C. 在其话机中装有内置电池,平时系统处在增音通话状态,依靠内部电池放大音量

D. 在任何情况下,系统外接DC 24 V电源都供电,话音一直处于放大状态

18. 从能量转化角度看,声力电话从发话端到受话端发生了_____的能量转化。
①声能;②机械能;③电能;④磁能;⑤动能
A. ①②③⑤　　　　　　　　　　B. ①②③④
C. ①③④　　　　　　　　　　　　D. ①②③④⑤

19. 目前船用声力电话系统大致涉及的设备有_____。
①汇接箱;②防爆安全栅;③继电器盒;④声光振铃器;⑤程控交换机;⑥声力电话机
A. ①②③④⑤　　　　　　　　　B. ①②③④⑤⑥
C. ①②③④⑥　　　　　　　　　D. ②③④⑤⑥

20. 在直通型声力电话系统中,_____的作用是实现声、电信号的相互转换。
A. 信号设备　　　　　　　　　　B. 转换设备
C. 附属设备　　　　　　　　　　D. 通话设备

21. 在直通型声力电话系统中,_____的作用是实现信号电路与通话电路转换。
A. 信号设备　　　　　　　　　　B. 转换和附属设备
C. 电源设备　　　　　　　　　　D. 通话设备

22. 在直通型声力电话系统中,_____的作用是发送和接收呼叫信号。
A. 信号设备　　　　　　　　　　B. 转换设备
C. 附属设备　　　　　　　　　　D. 通话设备

23. 在船舶机舱安装的电话通常是_____。
A. 防风式　　　　　　　　　　　B. 防爆式
C. 防雨式　　　　　　　　　　　D. 抗噪声式

24. 声力电话由_____组成。
①通话设备;②信号设备;③转换和附属设备
A. ①②　　　　　　　　　　　　B. ①③
C. ②③　　　　　　　　　　　　D. ①②③

25. 声力电话的通话是靠_____实现的。
A. 交流电的传输　　　　　　　　B. 电磁波的辐射
C. 声音的振动　　　　　　　　　D. 直流电

26. 船用程控电话系统中话路系统的作用包括_____。
①收发电话信号;②监视电路状态;③完成电路连接
A. ②+③　　　　　　　　　　　　B. ①+②
C. ①+③　　　　　　　　　　　　D. ①+②+③

27. 笼统地讲,船舶各种信号装置包括_____等。
①各种不同方式和用途的电话通信设备;②船舶操纵用电气传令钟和各种指示仪表;③各种应急状态时用的报警信号装置;④船舶航行时的各种信号装置;⑤船用广播声响设备

A. ②+③+④+⑤ B. ①+②+③+④+⑤
C. ①+②+④+⑤ D. ①+③+⑤

28. 船舶内部通信系统的电话主要是指_____。
   A. 声力电话、VHF双向无线电话
   B. 声力电话、自动电话系统
   C. 铱星系统卫星电话、自动电话系统
   D. 铱星系统卫星电话、Inmarsat-FB系统卫星电话

29. 船上使用的船内通信工具和信号装置包括操纵用电气传令钟和各种指示仪表,具体包括_____。
   ①机舱传令钟;②舵角指示器;③测深仪显示器;④主机转速表
   A. ①+②+④ B. ②+③+④
   C. ①+③+④ D. ①+②+③+④

30. 船上使用的船内通信工具和信号装置包括了船舶航行时的各种信号装置,具体包括_____。
   ①航行灯;②信号灯;③笛号
   A. ②+③ B. ①+②+③
   C. ①+③ D. ①+②

31. 船上的测烟、测温式报警装置属于_____。
   A. 应急报警信号装置 B. 特殊用途的语音通信设备
   C. 电气传令钟和指示仪表 D. 航行时的信号装置

32. 有关船舶内部通信系统中的对讲系统的主要用途,以下描述正确的是_____。
   A. 用于协调船舶驾驶台和机舱安全生产的目的
   B. 用于便利船员的日常生活的目的
   C. 用于船舶遇险时协调通信的目的
   D. 用于协调船上关键位置的关键性操作的目的

33. 船舶内部通信系统中的对讲系统的主机一般布置在_____。
   A. 集控室 B. 机舱的主机旁
   C. 船舶驾驶台的两翼 D. 船舶驾驶台

34. 在现代船舶自动电话系统中,其核心部件是_____。
   A. 电话交换机 B. 扫描电路
   C. 中央处理器 D. 用户电路

35. 根据进出交换机的呼叫流向和发起呼叫的起源,可将船舶自动电话系统的呼叫分为_____。
   A. 本局呼叫、出局呼叫、入局呼叫和转移呼叫
   B. 本局呼叫、外线呼叫、入局呼叫和转移呼叫
   C. 本船呼叫、外线呼叫、长途呼叫和短途呼叫
   D. 本船呼叫、外线呼叫、本国呼叫和外国呼叫

36. 在现代船舶自动电话系统中,话路系统的核心部件是_____。

A. 用户电路 B. 交换网络
C. 信号设备 D. 存储器

37. 在现代船舶自动电话系统中，_____是控制系统的组成。
   A. 用户电路、交换网络和信号设备 B. 中央处理器、主存储器和输入输出系统
   C. 中央处理器、交换网络和主存储器 D. 用户电路、交换网络和输入输出系统

38. _____不属于现代船舶的信号装置系统。
   A. 船用自动电话系统 B. 船用输入输出系统
   C. 船用声力电话系统 D. 船用对讲系统

39. _____不属于现代船舶的信号装置系统。
   A. 船用声力电话系统 B. 船用甲板机械系统
   C. 公共广播系统 D. 通用报警系统

40. _____不属于现代船舶的信号装置系统。
   A. 应急传令钟系统 B. 船用辅助机械系统
   C. 船用子母钟系统 D. 监视报警装置

41. _____不属于现代船舶的信号装置系统。
   A. 船用电视监控系统 B. 船用发电机系统
   C. 船用自动电话系统 D. 应急传令钟系统

42. _____不属于现代船舶的信号装置系统。
   A. 通用报警系统 B. 船用计算机系统
   C. 船用监视报警系统 D. 船用对讲系统

43. _____不属于现代船舶的信号装置系统。
   A. 船用子母钟系统 B. 船用压载水系统
   C. 船用自动电话系统 D. 电视监控系统

44. 在声力电话系统中，不正确的说法是_____。
   A. 完全不依赖于外部或内部电源 B. 不依赖于外部电源
   C. 不依赖于内部电源 D. 依赖于内部电源

45. 在声力电话系统中，送受话器的主要组成有_____。
   A. 内部电源 B. 外部电源
   C. 磁石 D. 时钟

46. 现代船舶对讲系统的交互性能是由_____控制的。
   A. 船舶外部进行主机操纵协调处理 B. 主遥控操作面板和舵机房的按键
   C. 主遥控操作面板和各分机的按键 D. 船舶内部进行主机操纵协调处理

47. 现代船舶对讲系统的主机和分机分别安装在_____。
   A. 集控室和主机机旁 B. 集控室和舵机房
   C. 驾驶台和船首 D. 驾驶台和舵机房

48. 在现代船舶对讲系统中，_____功能是不能实现的。
   A. 主机与单机之间的通话 B. 主机与呼叫所有单机的通话
   C. 单机与单机之间的通话 D. 单机与呼叫主机的通话

49. 现代船舶对讲系统用于_____操纵协调通信。
    A. 船舶外部进行船舶　　　　　　B. 船舶外部进行主机
    C. 船舶内部进行船舶　　　　　　D. 船舶内部进行主机

50. 在现代船舶对讲系统中,_____说法是正确的。
    A. 主机有双向放大功能、单机只有单向放大功能
    B. 单机都有双向放大功能、主机只有单向放大功能
    C. 主机和单机都有双向放大功能
    D. 主机和单机都只有单向放大功能

51. 在船上公共广播系统中,_____说法是不正确的。
    A. 使全体在船人员在特殊情况下,服从船舶的整体安排
    B. 使全体在船人员在特殊情况下,服从船舶向船上某处集结的安排
    C. 遥控站比广播站有优先权
    D. 广播站比遥控站有优先权

52. 在船上公共广播系统中,_____不是其主要组成。
    A. 信号设备　　　　　　　　　　B. 扩音机
    C. 遥主控台　　　　　　　　　　D. 遥控台

53. 在船上公共广播系统中,_____不是其主要组成。
    A. 转换和附属设备　　　　　　　B. 电子铃
    C. 遥主控台　　　　　　　　　　D. 遥控台

54. 声力电话系统的特点是_____。
    A. 依靠电磁波的传输　　　　　　B. 声力电话可应用于船舶公共广播系统
    C. 不需要电源就可以传输语音　　D. 仅需要蓄电池供电即可

55. 船用声力电话系统大致包括_____。
    ①汇接箱;②防爆安全栅;③继电器盒;④声光振铃器;⑤程控机;⑥交直流电源;⑦声力电话机
    A. ①②③④⑦　　　　　　　　　B. ①②③④⑤⑥⑦
    C. ③④⑤⑥⑦　　　　　　　　　D. ②③④⑤⑦

56. 下列关于船用声力电话系统的叙述中,错误的是_____。
    A. 船用声力电话系统可采用增音技术
    B. 在机舱等高噪声场所可采用抗噪声式电话,备有头戴式抗噪声送受话器
    C. 可分为直通型和选通型两种,选通型声力电话的通话音量比直通型更大
    D. 可以在完全不依赖电源的情况下工作

57. 直通型声力电话机由_____组成。
    ①通话设备;②信号设备;③转换和附属设备
    A. ①②③　　　　　　　　　　　B. ①②
    C. ②③　　　　　　　　　　　　D. ①③

58. 关于船用声力电话,说法错误的是_____。
    A. 声力电话可完全不依赖外部或内部电源,在完全无电的状态下仍然可进行船舶内部通话

B. 声力电话机分为直通型和选通型两种,直通型声力电话机的通话音量比一般声力电话大
C. 目前船用声力电话系统多采用增音技术,使用时用呼叫键和声光振铃器来进行联络
D. 船上一些比较重要的场所,如主机间、舵机舱、驾控台、集控台等,按规定必须要配置声力电话外,不再要求配备其他电话

59. 声力电话如处于增音通话状态,需外接_____电源。
  A. 直流 12 V   B. 交流 12 V
  C. 直流 24 V   D. 交流 24 V

60. 船舶使用的完全声力电话和增音声力电话,分别通过_____、_____产生振铃。
  A. 听音键;手摇发动机   B. 手摇发电机;呼叫键
  C. 听音键;呼叫键   D. 手摇发动机;听音键

61. 驾驶台使用声力电话呼叫不同舱室时采用_____连接,使用_____选择舱室。
  A. 直通型;转换开关   B. 选通型;转换开关或按键
  C. 选通型;按键   D. 直通型;转换开关和按键

62. 声力电话工作时完全不依赖内、外部电源,通话时声能与电能的转换在_____部分完成。
  A. 手摇发电机   B. 手摇发动机
  C. 送受话器、混合线圈   D. 按键和转换开关

63. 声力电话通话时,送受话器振膜感应声音,经信号转换后,传输线路实际传输的是_____信号。
  A. 磁通量   B. 磁通
  C. 磁感应强度   D. 感应电流

第三节 公共广播系统

1. 船令广播系统的用途有_____。
  ①船令指挥;②对外喊话;③通用报警
  A. ①②   B. ①③
  C. ②③   D. ①②③

2. 下列不属于船令广播系统用途的是_____。
  A. 向全船发布指挥命令和通知   B. 发送全船报警信号
  C. 发送机舱报警信号   D. 收听电台广播或音乐

3. 船令广播系统的主要用途,是通过_____向船员或乘客工作、休息或经常活动的所有场所发布有关信息,以便使全体在船人员在特殊情况下,服从船舶的整体安排或向船上某处集结。
  A. 扬声器装置   B. 无线电装置
  C. 程控电话装置   D. 声力电话装置

4. 船令广播系统的用途是_____。
  ①船令指挥;②通信;③对外喊话;④通用报警;⑤娱乐广播
  A. ①②④⑤   B. ①③④⑤
  C. ①②③④⑤   D. ①②③⑤

5. 有关船令广播系统,下列说法错误的是_____。
   A. 船令广播系统的主要用途是向船员或乘客工作、休息或经常活动的所有场所发布有关信息,以便使全体在船人员在特殊情况下,服从船舶的整体安排或向船上某处集结
   B. 船令广播系统一般允许从广播站直接广播,也可由遥控站进行遥控广播,但遥控站比广播站有优先权
   C. 船令广播系统可以作为通用报警的补充,但也可用其来替代通用报警系统
   D. 主控台可与其他各路遥控台对讲,但其他遥控台之间不能相互对讲

6. 不属于船令广播系统用途的是_____。
   A. 收听电台广播或音乐   B. 发送全船报警信号
   C. 发送机舱报警信号   D. 向全船发布指挥命令和通知

7. 船令广播系统和船舶通用报警系统的关系是_____。
   A. 后者作为的前者补充,但一般不能简单地用后者来替代前者
   B. 可以使用船令广播系统发出船舶通用报警信号,但其放大器、扬声器的运行及保护要达到船级社的要求
   C. 两者所用的扬声器均可内置音量控制装置,必要时可以关闭扬声器
   D. 在现代化船舶上,两者都是合一的

8. 船舶内部通信系统中的对讲系统的分机一般布置在_____等场所。
   ①驾驶台两翼;②船首;③船尾;④机舱;⑤餐厅;⑥病房
   A. ①+②+③+④   B. ③+④+⑤+⑥
   C. ①+④+⑤   D. ①+②+③+④+⑤

9. 从使用目的上讲,公共广播系统的主要应用场景是_____。
   A. 在遇险情况下向搜救船只喊话
   B. 在节假日情况下为全体在船人员烘托气氛
   C. 在特殊情况下向全体在船人员发布重要信息
   D. 在日常情况下组织全体在船人员的生产生活

10. 针对公共广播系统的主要应用场景,可以进入该系统向公众广播的站点包括_____。
    ①从广播站直接广播;②从安装在驾驶台的遥控站进行遥控广播;③从安装在船首的遥控站进行遥控广播;④从安装船尾的遥控站进行遥控广播;⑤从安装在主管机关认为必要的其他遥控站进行遥控广播
    A. ①+②+③   B. ①+②+③+④+⑤
    C. ②+③+④+⑤   D. ①+④+⑤

11. 在特殊情况下,可以进入公共广播系统进行广播的站点有很多。这些站点的广播权限_____。
    A. 是可变的,具体由电子电气员根据航次任务设定
    B. 是不同的,广播站比遥控站有优先权
    C. 是可变的,具体由电子电气员根据航次任务设定
    D. 是不同的,遥控站比广播站有优先权

12. 在客船上,公共广播系统广播区域划分方法一般是_____。

第四章　船舶内部通信系统

A. 船员区域、乘客区域、船员和乘客区域
B. 驾驶台、机舱、乘客舱室
C. 乘客住舱区域、走廊区域、甲板区域
D. 室内区域、室外区域

13. 在客船上,如果因紧急事情需要召集全体人员到指定区域集合。船长可以_____。
    A. 公共广播系统广播进行广播,广播区域选择乘客区域
    B. 指令船舶三副联系每一位旅客
    C. 公共广播系统广播进行广播,广播区域选择船员和乘客区域
    D. 指令客运部主管联系每一位旅客

14. 随着设备集成度的提高,_____往往集成在一起。
    A. 船舶公共广播系统、对讲系统、GMDSS、自动电话系统
    B. 船舶公共广播系统、对讲系统、自动电话系统、驾驶台警报系统
    C. 船舶公共广播系统、对讲系统和自动电话系统
    D. 船舶公共广播系统、烟雾报警、对讲系统和自动电话系统

15. 关于船舶公共广播系统和通用报警系统的关系,以下_____的描述是正确的。
    A. 通用报警系统可以作为船舶公共广播系统的补充,但不能用其来替代船舶公共广播系统
    B. 船舶公共广播系统可以作为通用报警的补充,但不能用其来替代通用报警系统
    C. 船舶公共广播系统和通用报警可以相互替代
    D. 船舶公共广播系统和通用报警没有任何关系,只是称谓相近容易混淆而已

16. 对于船令广播系统的描述正确的是_____。
    A. 可以通过扬声器装置向船员或乘客工作、休息或经常活动的所有场所发布有关信息,以便使全体在船人员在特殊情况下,服从船舶的整体安排或向船上某处集结
    B. 可以方便船员进行节日的娱乐活动
    C. 只限船长发广播命令
    D. 只要有需要,任何人都可以使用

17. 船令广播系统一般_____。
    A. 广播站直接广播,也可由安装在驾驶台、船首、船尾或主管机关认为必要的船上某处的遥控站进行遥控广播
    B. 只有广播站能广播
    C. 只有机舱和驾驶台的遥控站以及广播站能广播
    D. 只有机舱、驾驶台、船首、船尾的遥控站以及广播站可以广播

18. 对于一般船舶,定期检查、保养开放处所船令广播系统终端设备时,注意检查_____是关键。
    A. 防水　　　　　　　　　　　　　B. 防爆
    C. 防火　　　　　　　　　　　　　D. 防尘

19. 对于危化品船舶,定期检查、保养开放处所船令广播系统终端设备时,注意检查_____是关键。
    A. 防水　　　　　　　　　　　　　B. 防爆

C. 防火 D. 防尘

20. 公约要求公共广播系统或其他有效通信设施应在_____、_____、_____和_____的范围均可通用。
   A. 遍及所有起居处所；服务处所；控制站；开敞甲板
   B. 驾驶台；机舱；舵机房；开敞甲板
   C. 驾驶台；机舱；舵机房；货舱
   D. 遍及所有起居处所；服务处所；隐蔽场所；开敞甲板

21. 船令广播系统的主控制台一般安装于_____。
   A. 驾驶室 B. 货控室
   C. 船长住舱 D. 大副住舱

22. 为了通过扬声器装置向船员或乘客工作、休息或经常活动的所有场所发布有关信息，以便使全体在船人员在特殊情况下，服从船舶的整体安排或向船上某处集结，IMO在_____中要求船舶安装船令广播系统。
   A.《国际救生设备规则》 B.《MARPOL公约》
   C.《国际海上避碰规则》 D.《1989年国际救助公约》

23. 以下哪项不属于船舶船令广播系统主控制台的功能？_____。
   A. 遥控功能 B. 对讲功能
   C. "紧急讲话"控制功能 D. 遇险报警功能

24. 在船舶公共广播系统中，_____具有广播优先权。
   A. 消防站 B. 遥控站
   C. 驾驶台 D. 机旁

25. 船舶公共广播系统利用_____，向_____发布有关信息。
   A. 驾驶台；船员工作和活动场所
   B. 集控室；船员工作、休息和活动所有场所
   C. 遥控站；乘客休息和活动所有场所
   D. 扬声器；船员和乘客工作、休息和活动所有场所

第一节 自动电话系统

1. A 2. B 3. B 4. C 5. A 6. D 7. C 8. B 9. B 10. D
11. A 12. C 13. D 14. A 15. A 16. C 17. D 18. A 19. A 20. D
21. A 22. B 23. D 24. B 25. B 26. A 27. A 28. B 29. D

第二节 应急声力电话系统

1. D	2. A	3. D	4. D	5. D	6. A	7. B	8. C	9. B	10. B
11. C	12. A	13. D	14. A	15. A	16. B	17. A	18. B	19. C	20. D
21. B	22. A	23. D	24. D	25. C	26. D	27. B	28. B	29. A	30. B
31. A	32. D	33. D	34. C	35. A	36. A	37. B	38. B	39. B	40. B
41. B	42. B	43. B	44. B	45. D	46. D	47. C	48. C	49. C	50. C
51. C	52. D	53. A	54. A	55. A	56. C	57. A	58. B	59. C	60. B
61. B	62. C	63. D							

第三节 公共广播系统

1. D	2. C	3. A	4. C	5. C	6. C	7. B	8. A	9. C	10. B
11. D	12. A	13. C	14. C	15. B	16. A	17. A	18. A	19. B	20. A
21. A	22. D	23. D	24. B	25. D					

第五章
驾驶台航行设备的维护和修理

第一节　雷达

1. 基本船舶导航雷达的主要组成部分包括_____。
   ①天线；②收发信机；③显示器
   A. ①②　　　　　　　　　　　　　　B. ①③
   C. ②③　　　　　　　　　　　　　　D. ①②③

2. 船舶导航雷达的工作原理是基于_____在空间传播时具有等速、直线传播的物理特性，并且遇到目标后有良好的反射特征。
   A. 超声波　　　　　　　　　　　　　B. 次声波
   C. 超高频无线电波　　　　　　　　　D. 甚高频无线电波

3. 船用雷达能够及时发现远距离弱小目标，精确测量_____。
   A. 目标的大小和体积　　　　　　　　B. 本船相对物标的移动速度和方向
   C. 目标的高度和深度　　　　　　　　D. 本船相对目标的距离和方位

4. 船舶导航雷达的工作波段是_____。
   A. 微波　　　　　　　　　　　　　　B. VHF
   C. 短波　　　　　　　　　　　　　　D. 脉冲波

5. 船舶导航雷达发射的电磁波是_____。
   A. 频率捷变脉冲波　　　　　　　　　B. 等幅脉冲波
   C. 调频调相波　　　　　　　　　　　D. 相位调制脉冲波

6. 雷达中保证各分机协调工作的定时信号是_____。
   A. 船首标识信号　　　　　　　　　　B. 触发脉冲信号
   C. 方位标识信号　　　　　　　　　　D. 距离标识信号

7. 提供给雷达的模拟量信号的陀螺罗经，根据工作原理不同，可分为_____。
   A. 同步型和异步型　　　　　　　　　B. 同步型和步进型
   C. 异步型和自整角机型　　　　　　　D. 异步型和步进型

8. 3 cm 波段的船用雷达，一般采用_____传输微波。
   A. 双绞线　　　　　　　　　　　　　B. 无线
   C. 同轴电缆　　　　　　　　　　　　D. 波导

9. 10 cm 波段的船用雷达,可以采用_____传输微波。
   A. 同轴电缆　　　　　　　　　　　B. 无线
   C. 网线　　　　　　　　　　　　　D. 双绞线
10. 船用雷达波导管的扼流接头中扼流槽的作用是_____。
    A. 防止微波进入接收机　　　　　　B. 防止微波泄漏引起打火
    C. 防止空气进入波导　　　　　　　D. 防止雨水进入波导
11. 船用雷达波导管的扼流接头朝向_____。
    A. 船首　　　　　　　　　　　　　B. 船位
    C. 收发机　　　　　　　　　　　　D. 天线
12. 船用雷达波导管的平面接头朝向_____。
    A. 船首　　　　　　　　　　　　　B. 船位
    C. 收发机　　　　　　　　　　　　D. 天线
13. 雷达海浪干扰分布在_____。
    A. 远距离　　　　　　　　　　　　B. 近距离
    C. 1/2 量程处　　　　　　　　　　D. 任意位置
14. 雷达测量目标距离是利用微波在空间传播过程中_____的特性。
    A. 曲线传播　　　　　　　　　　　B. 遇到物体有绕射能力
    C. 折线传播　　　　　　　　　　　D. 直线传播
15. 影响雷达探测近距离某目标能力的因素有_____。
    ①脉冲宽度;②天线垂直波束宽度;③天线高度;④目标高度
    A. ①②　　　　　　　　　　　　　B. ①②③
    C. ①③　　　　　　　　　　　　　D. ①②③④
16. 物标反射雷达电磁波的能力与_____有关。
    ①雷达波的入射角;②物标的厚度;③物标的大小;④物标的形状;⑤物标的表面结构;⑥物标的材料
    A. ①②③④⑤⑥　　　　　　　　　B. ②④⑤⑥
    C. ①③④⑤⑥　　　　　　　　　　D. ③④⑤
17. 根据雷达工作原理,雷达的基本组成部分包括_____。
    ①天线部件;②计程仪;③发射系统;④陀螺罗经;⑤信息处理与显示系统;⑥收发开关;⑦GPS
    A. ①③④⑤　　　　　　　　　　　B. ①②⑤⑥
    C. ①③⑤⑥　　　　　　　　　　　D. ①③⑤⑦
18. 雷达发射脉冲与目标回波脉冲_____。
    A. 幅值不同,频率不同　　　　　　B. 幅值相同,频率不同
    C. 幅值相同,频率相同　　　　　　D. 幅值不同,频率相同
19. 雷达的罗经信号接收电路在设计上要满足阻抗匹配和负载均衡,一般应使接收电路的等效阻抗_____,以保证信息传输的精度。
    A. 小于发送器的输出阻抗　　　　　B. 大于发送器的输出阻抗

C. 等于发送器的输出阻抗　　　　　　D. 等于发送器的输入阻抗

20. 在雷达的基准定时电路中,采用高稳定的晶体振荡器作为振荡源,经分频后输出频率在_____ Hz 之间的 TTL 电平脉冲,脉冲的_____是雷达工作的基准参考时间信号。
    A. 400~2 000;后沿　　　　　　　　B. 500~4 000;前沿
    C. 500~4 000;后沿　　　　　　　　D. 400~2 000;前沿

21. 船用雷达的输入接口信号通常包括_____。
    ①陀螺罗经;②计程仪;③GPS;④AIS;⑤ECDIS
    A. ③④⑤　　　　　　　　　　　　B. ①②⑤
    C. ①②③④⑤　　　　　　　　　　D. ①②③④

22. 雷达屏幕工作显示区域采用_____显示原理。
    A. 极坐标平面位置　　　　　　　　B. 直角坐标平面位置
    C. 斜坐标平面位置　　　　　　　　D. 三维空间位置

23. 船用雷达采用真北向上或航向向上显示时,需要输入本船的_____。
    A. AIS 信号　　　　　　　　　　　B. GPS 船位信号
    C. 航速信号　　　　　　　　　　　D. 船首向信号

24. 船用雷达采用真运动显示时,需要输入本船的_____。
    A. 航向和航速信号　　　　　　　　B. GPS 船位和 AIS 信号
    C. 航向和 GPS 船位信号　　　　　　D. AIS 和航速信号

25. 满足 IMO 最新性能标准要求的雷达,增益调节的最佳位置是在屏幕上_____。
    A. 在噪声背景中清楚地发现弱小目标回波　B. 看到明显的噪声斑点
    C. 看到雷达图像　　　　　　　　　D. 刚刚看到回波图像

26. 雷达调谐控钮调节的最佳位置是在屏幕上_____。
    A. 刚刚看到回波　　　　　　　　　B. 看到饱满清晰的回波
    C. 看到回波和噪声　　　　　　　　D. 刚刚看到噪声

27. 雷达量程 12 n mile,屏幕上 6 n mile 以内没有回波,但远距离回波正常,原因可能是_____。
    A. FTC 调整过大　　　　　　　　　B. RIC 调整过大
    C. 屏幕亮度不足　　　　　　　　　D. STC 调整过大

28. 现代雷达应用_____方法和_____技术,采用了高品质平面监视器作为雷达信息处理显示终端。
    A. 模拟信息处理;光栅显示　　　　B. 数字信息处理;光栅显示
    C. 模拟信息处理;PPI 显示　　　　　D. 数字信息处理;PPI 显示

29. 船用雷达在船首向上相对运动显示时,_____。
    A. 需要输入本船航向信号　　　　　B. 需要输入本船航速信号
    C. 不需要输入本船航向、航速信号　D. 需要输入本船航速、航向信号

30. 船用雷达在相对运动真北向上显示时,_____。
    A. 需要输入本船首向信号　　　　　B. 需要输入本船航速信号
    C. 不需要输入本船航向、航速信号　D. 需要输入本船航速、航向信号

31. 船用雷达在相对运动航向向上显示方式时，_____。
   A. 需要输入本船航速信号
   B. 需要输入本船首向信号
   C. 不需要输入本船航向、航速信号
   D. 需要输入本船航速、航向信号

32. _____都会影响雷达图像的形成与质量。
   ①设备自身的性能；②微波辐射的特性；③大气传播的条件；④目标的反射能力；⑤周围环境的变化
   A. ①②③④⑤
   B. ①②④
   C. ②③⑤
   D. ③④⑤

33. 雷达探测到的回波图像与真实目标相比,可能会有很大的变形,主要表现在_____。
   ①雷达只能探测目标的前沿,后沿被遮挡的部分无法探测和显示；②目标的低矮部分(如沙滩)可能会被遮挡或回波微弱,无法被探测到；③雷达屏幕像素尺寸使回波的位置向周围扩展；④船舶运动、涌浪波动及雷达设备因素引起回波位置闪烁不定,目标边缘不清晰
   A. ①②③④
   B. ②③④
   C. ①③④
   D. ①②

34. 雷达探测到的回波图像与真实目标相比,可能会有很大的变形,主要表现在_____。
   ①目标对雷达波的反射能力不同,造成回波强度差别较大,图像明暗不均；②由于气象海况以及船舶吃水的变化,即使在同一海域,船舶不同航次,回波图像也会有差别；③雷达回波图像类似目标迎向天线面的垂直投影；④地球曲率影响雷达地平距,远距离的高大目标只有顶端能够被探测到,图像与目标原貌甚至完全不同
   A. ①②④
   B. ①②③
   C. ③④
   D. ①②③④

35. 在最新的雷达性能标准中,雷达屏幕统一公共基准点(CCRP)建议设置在_____。
   A. 雷达天线基座位置
   B. 船舶驾驶位置
   C. 相对运动船首向上
   D. 相对运动航向向上

36. 在雷达图像中,实现距离与方位联动显示的图像元素是_____。
   A. 固定距标圈
   B. 活动距标圈
   C. 电子方位线
   D. 电子距离方位线

37. 雷达利用_____,可测量出目标的方位。
   A. 发射脉冲宽度
   B. 垂直波束宽度
   C. 天线的方向特性
   D. 脉冲重复频率

38. 雷达方位扫描系统的作用是_____。
   A. 驱动天线转动
   B. 产生扫描线
   C. 使显示的回波方位能够反映周围物标的真实方位
   D. 产生电子方位线

39. 如果雷达发射脉冲往返于雷达天线与目标之间的时间为 Δt,电磁波在空间传播的速度为 C,则目标距离为_____。
   A. $R = C \cdot \Delta t / 2$
   B. $R = C \cdot \Delta t$

C. $R = 2C \cdot \Delta t$ D. $R = C/2\Delta t$

40. 船舶导航雷达测距原理是测量电磁波在天线与目标之间的_____。
    A. 传播速度 B. 往返传播时间
    C. 传播次数 D. 往返传播时的频率变化

41. 在标准大气传播条件下,雷达能够探测到某目标的极限距离取决于_____。
    A. 雷达发射功率 B. 接收机灵敏度
    C. 天气条件 D. 雷达天线高度和目标高度

42. 雷达通过_____,将天线相对船首的转动方位准确记录在存储器中,并按照要求从存储器中读出并送到屏幕显示。
    A. 双工器 B. 定时器
    C. 方位扫描系统 D. 信息处理系统

43. 雷达收发机的构成包括_____。
    A. 发射系统、双工器、接收系统和天线
    B. 发射系统、双工器、接收系统和电源
    C. 定时器、发射系统、双工器和接收系统
    D. 定时器、发射系统、双工器和信息处理和显示系统

44. 雷达显示的船位信息来自的传感器为_____。
    A. 电子定位系统(EPFS) B. 矢量海图系统(ENC)
    C. 自动识别系统(AIS) D. 艏向发送装置(THD)

45. 如图所示,在船上,确定雷达的测距误差,观测近距离(0.25 n mile 之内)一平直岸线 A,如果回波呈弧线 B,说明雷达测量的距离_____。

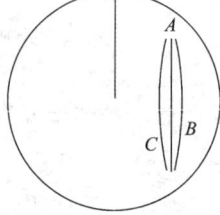

    A. 不确定 B. 等于实际距离
    C. 大于实际距离 D. 小于实际距离

46. 如图所示,在船上,确定雷达的测距误差,观测近距离(0.25 n mile 之内)一平直岸线 A,如果回波呈弧线 C,说明雷达测量的距离_____。

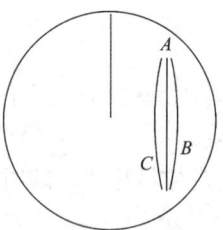

    A. 不确定 B. 等于实际距离

C. 大于实际距离 D. 小于实际距离

47. 在船用雷达系统中,用来同步和协调各单元和系统工作的是_____。
    A. 发射系统 B. 定时器
    C. 双工器 D. 信息处理与显示系统

48. 根据雷达测距原理,电子从雷达回波图像区域中心扫描到边沿的时间,即为_____。
    A. 零点 B. 扫描线时间
    C. 扫描线速度 D. 扫描线长度

49. 在船用雷达系统中,自动延时开关设在_____。
    A. 特高压控制电路 B. 定时器电路
    C. 磁控管电路 D. 双工器电路

50. 铁氧体环流器的特点是_____。
    A. 接近于绝缘体,用于微波传输时介质损耗小
    B. 接近于绝缘体,用于微波传输时介质损耗大
    C. 接近于导体,用于微波传输时介质损耗小
    D. 接近于导体,用于微波传输时介质损耗大

51. 雷达收发机的构成包括_____。
    ①定时器;②发射系统;③双工器;④接收系统;⑤信息处理和显示系统
    A. ①②③④⑤ B. ①②④
    C. ①②③④ D. ③④⑤

52. 雷达发射机产生射频脉冲,其特点是_____。
    A. 周期性、大功率 B. 周期性、小功率
    C. 连续等幅、小功率 D. 连续等幅、大功率

53. 船舶导航雷达中能够产生大功率射频脉冲的元件是_____。
    A. 双工器 B. MIC
    C. 调制器 D. 磁控管

54. 船舶导航雷达收发机的磁控管阴极_____。
    A. 接正1万V左右的脉冲高压 B. 接地
    C. 接负1万V左右的脉冲高压 D. 接6.3 V电压

55. 船用雷达发射机中定时器的作用是_____。
    A. 产生微波振荡 B. 产生具有一定宽度的高幅值矩形脉冲
    C. 控制脉冲宽度 D. 控制发射系统正常工作

56. 通常磁控管备件都有特制的包装盒,使铁磁体远离管子_____cm 以上。
    A. 10 B. 15
    C. 20 D. 25

57. 船用雷达磁控管的负载为_____。
    A. 发射机 B. 接收机
    C. 天线 D. 微波传输线

58. 雷达射频脉冲持续的时间长度由_____控制。

A. 延时电路 B. 调制脉冲
C. 扫描线长度 D. 发射功率

59. 雷达发射机产生_____射频脉冲。
    A. 小功率的周期性 B. 大功率的等幅连续波
    C. 大功率的周期性 D. 小功率的等幅连续波

60. 雷达发射机中的门开关用于_____。
    A. 延长磁控管寿命 B. 控制发射机产生脉冲发射波
    C. 保护人身安全 D. 控制雷达电源

61. 测量雷达磁控管工作电流正常,说明_____。
    A. 接收机工作正常 B. 变频器工作正常
    C. 发射机工作正常 D. 本机振荡器工作正常

62. 在雷达发射系统中,定时器也称为触发脉冲产生器,其触发脉冲输出送到接收系统的作用是_____。
    A. 控制海浪抑制电路工作,抑制海浪杂波
    B. 控制发射系统正常工作
    C. 控制显示系统开始扫描
    D. 消除由于在雷达设备中的传播而引起固定测距误差

63. 雷达磁控管更换之后,应注意测定_____。
    A. 测距误差 B. 测方位误差
    C. 罗经复示器误差 D. 计程仪误差

64. 检查_____可以判断雷达发射机工作状态。
    A. 晶体电流 B. 收发开关电流
    C. 雷达电源 D. 磁控管电流

65. 雷达更换磁控管备件时,应先进行_____处理,期间注意观察_____的变化。
    A. 预热;磁控管电流 B. 预热;电源电压
    C. 老炼;磁控管电流 D. 老炼;电源电压

66. 雷达调制器能够产生_____。
    A. 控制雷达发射的调制脉冲 B. 控制雷达工作的触发脉冲
    C. 探测目标的超高频脉冲 D. 控制雷达显示的视频脉冲

67. 为防止烧坏接收系统前端电路,通常在接收系统前安装_____。
    A. 环流器 B. 定时器
    C. 微波限幅器 D. 数据存储器

68. 船用磁控管雷达天线发射的是_____。
    A. 射频脉冲波 B. 射频连续波
    C. 脉冲超声波 D. 连续超声波

69. 如果雷达天线转速为 20 r/min,脉冲重复频率为 900 Hz,那么雷达完成一周圆周扫描就有_____次发射和接收。
    A. 1 800 B. 2 000

C. 2 700　　　　　　　　　　　　D. 3 000

70. 如果雷达天线转速为 30 r/min,脉冲重复频率为 1 000 Hz,那么雷达完成一周圆周扫描就有_____次发射和接收。
   A. 1 800　　　　　　　　　　　　B. 2 000
   C. 2 700　　　　　　　　　　　　D. 3 000

71. 雷达开机后天线不转,通常首先应检查天线_____。
   A. 马达供电电路　　　　　　　　B. 驱动马达绕组
   C. 保险丝　　　　　　　　　　　D. 减速齿轮

72. 隙缝波导天线的水平波束宽度大小将影响雷达的_____。
   ①距离分辨力;②方位分辨力和方位误差;③距离误差
   A. ①　　　　　　　　　　　　　B. ②
   C. ③　　　　　　　　　　　　　D. ①②

73. 雷达天线水平波束宽度越_____,雷达的_____越高。
   A. 宽;方位精度　　　　　　　　B. 窄;方位精度
   C. 窄;测距精度　　　　　　　　D. 窄;距离分辨力

74. 当雷达接通天线电源后,发现天线电机转动,而天线不转,此时应检查_____。
   A. 天线电机电源保险丝及过载继电器　　B. 电源
   C. 有关供电电路及电机本身　　　　　　D. 传动装置

75. 由于雷达的发射和接收共用一副天线,为了避免发射时大功率射频信号进入接收机,而设置了天线_____。
   A. 调制开关　　　　　　　　　　B. 收发开关
   C. 过载继电器　　　　　　　　　D. 开关

76. S 波段雷达天线驱动电机一般由_____供电。
   A. 中频电源　　　　　　　　　　B. 高频电源
   C. 雷达电源　　　　　　　　　　D. 船电电源

77. 雷达天线增益越高,说明雷达天线的_____。
   A. 方向性越好　　　　　　　　　B. 放大量越大
   C. 发射功率越大　　　　　　　　D. 垂直口径越大

78. 雷达天线上方位编码器的作用是_____。
   A. 产生天线角位置信号　　　　　B. 产生电子方位标志信号
   C. 产生 VRM 信号　　　　　　　D. 在真运动时,产生航向信号

79. 雷达之所以能够发射和接收共用一个雷达天线,是因为_____。
   A. 收发开关的转换作用　　　　　B. 雷达天线是定向天线
   C. 雷达天线是波导天线　　　　　D. 雷达天线用波导传输能量

80. 3 cm 雷达一般采用_____及各种元件传输微波,10 cm 雷达多采用_____及相关元件作为微波传输系统。
   A. 波导;波导　　　　　　　　　B. 同轴电缆;同轴电缆
   C. 波导;同轴电缆　　　　　　　D. 同轴电缆;波导

81. 雷达天线接收的微弱_____信号,经过双工器后,送到微波高频放大器,高放直接放大的作用是_____,增强雷达对小目标的探测能力。
   A. 射频回波;改善射频回波的信噪比　　B. 脉冲回波;改善脉冲回波的信噪比
   C. 射频回波;前后电路的隔离与阻抗匹配　D. 脉冲回波;前后电路的隔离与阻抗匹配

82. 在船用雷达系统中,起定向发射和接收微波的是_____。
   A. 天线系统　　　　　　　　　　　　B. 定时器
   C. 信息处理与显示系统　　　　　　　D. 双工器

83. 雷达收发机波导出口应覆盖_____,防止天线漏水,水流入收发机。
   A. 硬纸片　　　　　　　　　　　　　B. 软铁片
   C. 云母片　　　　　　　　　　　　　D. 薄铅片

84. 雷达接收机中本振的机内重调,通常在_____进行。
   A. 更换本振管或磁控管后　　　　　　B. 每次开机后
   C. 更换了混频晶体后　　　　　　　　D. 更换了收发开关后

85. 雷达增益控制电路控制的是_____。
   A. 变频器的增益　　　　　　　　　　B. 中频放大器的放大倍数
   C. 显示器视频放大器的增益　　　　　D. 显像管控制栅极的电位

86. 当需要对船舶导航雷达接收机的本机振荡器做机内调谐时,应将显示器面板上的"调谐"钮放在_____位置。
   A. 中间　　　　　　　　　　　　　　B. 最小值(向左旋到低)
   C. 最大值(向右旋到低)　　　　　　 D. 任意

87. 如果发现雷达接收机 MIC 经常损坏,应考虑_____故障。
   A. 磁控管　　　　　　　　　　　　　B. 双工器或限幅器
   C. 定时器　　　　　　　　　　　　　D. 本机振荡器

88. 雷达变频器的作用是将回波信号的载波由射频转换为_____。
   A. 频率较低的中频　　　　　　　　　B. 频率较高的高频
   C. 频率较低的低频　　　　　　　　　D. 频率较高的超高频

89. 雷达接收机的输入信号频率等于_____。
   A. 雷达发射机工作频率　　　　　　　B. 雷达发射频率与接收机中频之和
   C. 雷达发射频率与接收机中频之差　　D. 目标发射信号频率

90. 雷达接收系统采用超外差接收技术,主要的组成有_____。
   ①微波集成放大与变频器;②中频放大器;③视频放大器;④改善接收效果的辅助控制电路;⑤磁控管
   A. ①②③④　　　　　　　　　　　　B. ①③④⑤
   C. ②③④⑤　　　　　　　　　　　　D. ①②③⑤

91. 雷达接收系统采用_____接收技术,主要由微波集成放大与变频器等电路组成。
   A. 超外差　　　　　　　　　　　　　B. 超内差
   C. 内差　　　　　　　　　　　　　　D. 外差

92. 下列属于雷达接收机组成部分的是_____。

①变频器；②主中频放大器；③FTC 电路；④增益及 STC 电路；⑤触发电路；⑥检波器
A. ①②④⑥ B. ①②⑤⑥
C. ①③④⑤ D. ②③⑤⑥

93. _____是接收机的核心，它具有宽通带、高增益和低噪声等特点。
A. 高频放大器 B. 中频放大器
C. 低频放大器 D. 视频放大器

94. 船用雷达的增益控制电路属于_____。
A. 信息处理与显示系统 B. 限幅器
C. 发射系统 D. 接收系统

95. 海面有波浪时，雷达操作中使用_____抑制海浪杂波。
A. AFC B. STC
C. FTC D. TUNE

96. 雷达接收机一般采用_____式接收机。
A. 直放 B. 再生
C. 阻容耦合 D. 超外差

97. 雷达接收机的输出信号是_____。
A. 射频回波信号 B. 中频回波信号
C. 视频回波信号 D. 本振回波信号

98. 船用雷达显示器内延时线调整的目的是_____。
A. 保护磁控管 B. 调整高压自动延时恰好为 3~5 min
C. 调整扫描起始时间 D. 减小雷达的方位误差

99. 航海雷达的抗雨雪干扰原理实际上是一个信号_____处理模块。
A. 积分 B. 微分
C. 逻辑与 D. 逻辑或

100. 航海雷达的同频干扰抑制模块，就是采用回波相关技术，对相邻的两条或多条扫描线进行_____检测。
A. 积分 B. 微分
C. 逻辑与 D. 逻辑或

101. 雷达显示器面板上的 STC 控制的是_____。
A. 接收系统近距离增益 B. 接收系统增益
C. 接收系统远距离增益 D. 发射脉冲宽度

102. 在雷达信息处理与显示系统中，同步单元的作用是_____。
A. 调整距离分辨力 B. 调整方位误差
C. 调整测距误差 D. 调整方位分辨力

103. 雷达信息处理与显示系统记录回波信息的起始时刻略晚于发射脉冲离开天线辐射窗口的时刻，以消除_____。
A. 系统测距误差 B. 系统测向误差
C. 系统参照点误差 D. 系统干扰

104. 对于桅上型雷达,桅上的雷达信号到驾驶台显示设备的传输_____。
    A. 采用波导管传输线连接　　　　　B. 采用同轴电缆传输线连接
    C. 不需要微波传输线连接　　　　　D. 采用波导管或者同轴电缆传输线连接
105. 在雷达的信息处理与显示系统中,同步单元属于_____。
    A. I/O 接口及视频处理器　　　　　B. 信息处理器
    C. 综合显示与操作控制终端　　　　D. 主控制器
106. 在雷达的信息处理与显示系统中,可读标志产生单元属于_____。
    A. I/O 接口及视频处理器　　　　　B. 信息处理器
    C. 综合显示与操作控制终端　　　　D. 主控制器
107. 船用导航雷达显示的物标回波的大小与物标的_____有关。
    A. 总面积　　　　　　　　　　　　B. 总体积
    C. 迎向面垂直投影　　　　　　　　D. 背面水平伸展的面积
108. 雷达显示器为了得到完整的图像,其荧光屏采用_____。
    A. 短余辉　　　　　　　　　　　　B. 中余辉
    C. 长余辉　　　　　　　　　　　　D. 超长余辉
109. 雷达显示器是 PPI 显示器,可以测得物标的二维数据,即_____。
    A. 距离和高度　　　　　　　　　　B. 距离和方位
    C. 大小和高度　　　　　　　　　　D. 方位和高度
110. 调整显示器方位同步接收机定子时,荧光屏上_____。
    A. 仅船首转动　　　　　　　　　　B. 仅物标回波图像转动
    C. 船首线及物标图像一起转动　　　D. 方位度盘转动
111. 海面出现雨雪天气,雷达操作使用_____进行雨雪干扰抑制。
    A. AFC　　　　　　　　　　　　　B. STC
    C. FTC　　　　　　　　　　　　　D. TUNE
112. 雷达采用数字视频处理系统,雷达的原始视频回波信号_____。
    A. 直接送显示器显示
    B. 不需要送显示器显示
    C. 可以直接送显示器显示,也可以转换为数字视频后再根据需要显示
    D. 先按方位、距离存储起来,再根据需要送显示器显示
113. 雷达天线的增益表示天线的_____。
    A. 定向能力　　　　　　　　　　　B. 放大能力
    C. 架设高度　　　　　　　　　　　D. 尺寸
114. 雷达发射的电磁波脉冲属于_____波段。
    A. 长波　　　　　　　　　　　　　B. 中波
    C. 短波　　　　　　　　　　　　　D. 微波
115. 船用雷达通常以_____作为性能指标定义发射功率。
    A. 极限功率　　　　　　　　　　　B. 瞬时功率
    C. 平均功率　　　　　　　　　　　D. 峰值功率

116. 一部船用雷达的脉冲宽度通常有多个,范围一般在_____μs。
    A. 0.01~0.5   B. 0.02~0.8
    C. 0.04~1.2   D. 1.0~1.5
117. 雷达脉冲重复频率一般在_____Hz之间。
    A. 400~4 000   B. 1 000~4 000
    C. 400~6 000   D. 1 000~6 000
118. 在给定天线尺寸情况下,船用雷达天线的水平波束宽度与发射波长成_____。
    A. 无关   B. 对数关系
    C. 正比例   D. 反比例
119. 船舶导航雷达中频电源的频率一般为_____。
    A. 50~60 Hz   B. 50~60 kHz
    C. 400~2 000 Hz   D. 400~2 000 kHz
120. 雷达接收机噪声系数越小,则_____。
    A. 发射功率越高   B. 发射功率越低
    C. 接收机灵敏度越高   D. 接收机灵敏度越低
121. 船舶导航雷达天线垂直波束宽度大约为_____。
    A. 7°   B. 22°
    C. 45°   D. 60°
122. 船用雷达在近量程发射窄脉冲时,接收系统通频带_____,回波精度较高。
    A. 频率较高   B. 频率较低
    C. 较宽   D. 较窄
123. 雷达距离分辨力取决于_____。
    ①脉冲宽度;②接收机通频带;③光点尺寸、屏幕尺寸、量程大小
    A. ①②   B. ①③
    C. ②③   D. ①②③
124. 下列使用性能中,_____与发射脉冲宽度无关。
    A. 最大作用距离   B. 最小作用距离
    C. 方位精度   D. 距离分辨力
125. _____有利于提高雷达目标的距离分辨力。
    A. 提高发射功率   B. S波段雷达
    C. 窄脉冲   D. 宽脉冲
126. _____有利于雷达探测远距离目标。
    A. 使用STC   B. X波段雷达
    C. 窄脉冲   D. 宽脉冲
127. 雷达在不同量程段工作时,脉冲重复频率通常是_____。
    A. 不变   B. 由操作者根据观测需要设定
    C. 近量程段高,远量程段低   D. 近量程段低,远量程段高
128. 安装在同一船舶上的两台异频雷达,S波段雷达天线的增益通常_____X波段天线。

A. 等于 B. 低于
C. 高于 D. 不低于

129. 雷达天线的长度越长，_____。
 A. 天线增益越小 B. 测距性能越好
 C. 天线水平波束越宽 D. 天线水平波束越窄

130. _____,有利于提高雷达接收机灵敏度。
 A. 采用宽脉冲发射 B. 增加接收机增益
 C. 增加天线增益 D. 使用 STC

131. 雷达接收系统通频带随_____变化。
 A. 增益 B. 天线扫描速率
 C. 回波强度 D. 量程段

132. 为满足船用雷达观测的需要,发射脉冲宽度随着选用_____的不同而变化。
 A. 亮度 B. 量程
 C. 海区 D. 增益

133. 船用雷达接收系统的_____,雷达的灵敏度就越高。
 A. 噪声系数越小,通频带越窄 B. 噪声系数越小,通频带越宽
 C. 噪声系数越大,通频带越窄 D. 噪声系数越大,通频带越宽

134. 船用雷达接收机的通频带越宽,对信号放大时失真_____,雷达保持较高的放大倍数和灵敏度就越_____。
 A. 大;困难 B. 小;困难
 C. 大;容易 D. 小;容易

135. 船用雷达接收机的通频带过窄时,对信号放大时失真_____,雷达保持较高的放大倍数和灵敏度就越_____。
 A. 大;困难 B. 小;困难
 C. 大;容易 D. 小;容易

136. 当目标高度较高,始终处在雷达垂直波束之内时,雷达探测该目标的最近距离由_____决定。
 A. 发射功率 B. 天线高度和天线垂直波速宽度
 C. 显示器像素时间和发射脉冲宽度 D. 发射脉冲宽度和收发转换时间

137. 雷达发射脉冲宽度与最小作用距离的关系为_____。
 A. 发射脉冲宽度越小,最小作用距离越大
 B. 发射脉冲宽度越小,最小作用距离越小
 C. 最小作用距离与发射脉冲宽度无关
 D. 发射脉冲宽度和水平波束宽度共同决定了雷达的最小作用距离

138. 导致雷达目标回波距离扩展的主要原因为_____。
 A. 垂直波束宽度 B. 水平波束宽度
 C. 脉冲宽度 D. 通频带宽

139. 影响雷达测方位误差的设备因素中,下列说法正确的是_____。

A. 天线水平波束宽度越窄,方位误差越小

B. 脉冲宽度越窄,方位误差越小

C. 屏幕分辨率越高,方位误差越大

D. 隙缝波导天线主波束轴向偏移角是稳定的,不影响方位误差

140. 将雷达增益降低后,被跟踪目标_____。
   A. 可能发生目标丢失 B. 可能发生目标交换
   C. 不受影响   D. 容易出现假回波

141. 光栅扫描雷达开机后,在光栅亮度合适时,为了快速调整好图像,应首先调整_____控钮。
   A. 调谐   B. 增益
   C. 面板亮度 D. 视频亮度

142. 雷达手动调谐旋钮控制的是_____。
   A. 本振结构参数   B. 接收机中频带宽
   C. 本振偏置电压   D. 混频器工作电流

143. 雷达显示系统面板上控制接收机工作的按钮有_____。
   ①亮度;②增益;③调谐;④STC;⑤FTC;⑥VRM
   A. ①③⑤   B. ②③④
   C. ①②③⑤   D. ②③④⑥

144. 开机后雷达图像的调整顺序为_____。
   A. 增益、亮度、调谐   B. 增益、调谐、亮度
   C. 亮度、增益、调谐   D. 亮度、调谐、增益

145. 雷达抑制多次反射回波的方法是_____。
   A. 使用 STC 钮   B. 适当减小增益
   C. 适当增大增益   D. 调整调谐旋钮

146. _____用于控制雷达发射机工作,可切换雷达的发射状态与预备状态。
   A. 电源闸刀   B. 电源开关
   C. 发射开关   D. 天线安全开关

147. 雷达天线安全开关的作用是_____。
   A. 延时闭合给磁控管预热   B. 切换雷达发射和预备状态
   C. 设备维护时断开,保护人员安全 D. 作为总电源开关使用

148. 雷达显示器面板上的 FTC 按钮通常控制接收系统的_____。
   A. 变频器   B. 视频处理电路
   C. 通频带宽度   D. 灵敏度

149. 雷达 STC 控钮能够_____。
   A. 降低接收机远距离灵敏度   B. 降低接收机近距离灵敏度
   C. 提高接收机近距离灵敏度   D. 提高接收机远距离灵敏度

150. 调整雷达 FTC 控制能够_____。
   A. 使回波饱满清晰   B. 抑制雨雪干扰

C. 抑制海浪干扰　　　　　　　　　　D. 抑制同频干扰

151. 下列因素中，_____与雷达测方位误差无关。
   A. 天线垂直波束宽度　　　　　　　B. 天线水平波束宽度
   C. 本船摇摆　　　　　　　　　　　D. 显示器像素尺寸

152. 当雷达天线改装时，距离移动或高度改变较大时，应重新调整_____。
   A. 高压延时　　　　　　　　　　　B. 扫描延时
   C. 扫描速率　　　　　　　　　　　D. 扫描线性

153. 船舶航行在_____海域更有利于校准雷达测距误差。
   A. 近岸航行　　　　　　　　　　　B. 大洋
   C. 港口附近　　　　　　　　　　　D. 任何海域都可以

154. 测量雷达的测距误差时，应选择_____的物标。
   A. 靠近屏中心　　　　　　　　　　B. 靠近屏边缘
   C. 远距离　　　　　　　　　　　　D. 近距离

155. 检验雷达调谐指示的变化，需要在雷达工作_____ min 后进行。
   A. 10　　　　　　　　　　　　　　B. 15
   C. 30　　　　　　　　　　　　　　D. 45

156. 与雷达测方位精度有关的技术参数是_____。
   A. 脉冲重复频率　　　　　　　　　B. 脉冲宽度
   C. 天线水平波束宽度　　　　　　　D. 天线垂直波束宽度

157. 罗经指示误差会产生雷达船首线和目标真方位读数的_____。
   A. 固定误差　　　　　　　　　　　B. 不固定误差
   C. 不可改正误差　　　　　　　　　D. 视差

158. 通过调整_____，可以校正雷达测距误差。
   A. 扫描中心　　　　　　　　　　　B. 3 min 延时开关
   C. 活动距标圈　　　　　　　　　　D. 信息处理与显示系统同步单元

159. 与雷达测方位误差无关的是_____。
   A. 天线垂直波束宽度　　　　　　　B. 天线水平波束宽度
   C. 本船摇摆　　　　　　　　　　　D. 显示器像素尺寸

160. 与雷达测距误差无关的是_____。
   A. 屏幕像素尺寸　　　　　　　　　B. 电磁波传播损耗
   C. 扫描延时调整　　　　　　　　　D. 距离标志刻度的精度

161. 检查双转子陀螺罗经的陀螺球时，发现陀螺球高度偏低，则应_____。
   A. 加适量蒸馏水，调整支承液体的比重
   B. 加适量甘油，调整支承液体的比重
   C. 加适量安息酸或硼砂，增加支承液体的导电性能
   D. 先用比重计再次确认支承液体比重是否符合要求，不符合再加甘油调整比重

162. 雷达起动后，必须预热至少 3 min 再发射，为的是_____。
   A. 接收机能够稳定工作　　　　　　B. 保护收发开关

C. 等待雷达电源输出稳定 D. 延长磁控管的使用寿命

163. 为延长雷达的磁控管使用寿命,开机时要充分预热_____ min。
 A. 1~3 B. 3~5
 C. 5~10 D. 10~30

164. 检测雷达时,发现有磁控管电流,但无调谐指示或调谐指示不起作用,则可能损坏的部件为_____。
 A. 磁控管 B. 中频放大器
 C. MIC D. 视放电路

165. 下列说法不正确的是_____。
 A. 天线方位信号故障雷达将停止发射
 B. 罗经信号故障雷达目标跟踪功能失效
 C. 天线方位信号故障雷达目标跟踪功能无法工作
 D. 罗经信号故障雷达将停止发射

166. 现代导航雷达的初始化工作是雷达安装的重要步骤之一,其中初始化参数设置的内容通常包括_____。
 A. 船首线误差、方位误差、初始化调谐 B. 发射扇区抑制、初始化调谐、阴影扇区测定
 C. 初始化调谐、CCRP 设置、发射扇区抑制 D. 船首线误差、CCRP 设置、发射扇形抑制

167. 现代导航雷达的初始化工作是雷达安装的重要步骤之一,其中初始化的误差校准通常包括_____。
 A. 船首线误差、方位误差、测距误差 B. 调谐误差、CCRP 误差、方位误差
 C. 阴影扇形误差、调谐误差、CCRP 误差 D. 发射扇区误差、船首线误差、测距误差

168. 在雷达天线安装事项中,叙述正确的是_____。
 A. 标志线应在船首±6°以内 B. 维修平台有不低于 0.9 m 的保护栏杆
 C. 天线的旋转平面应与烟囱平行 D. 底座螺栓由上往下装配

169. 在雷达显示器安装事项中,叙述错误的是_____。
 A. 保持干燥无强电磁辐射
 B. 显示器应配置硬木底基座
 C. 主雷达显示器应安装在驾驶台左舷一侧
 D. 显示器的朝向应使观察雷达图像者面向船首

170. 简单判断雷达逆变器正常工作的方法是_____。
 A. 用耳听不到振动声 B. 听到清晰均匀的振动声
 C. 听到时断时续的振动声 D. 用手摸感到不发热

171. 固定距标圈已够 6 圈,但间隔疏密不匀,这种情况说明_____。
 A. 发射脉冲宽度不够 B. 扫描锯齿波线性不好
 C. 辉亮方波线性不好 D. 方波宽度不够

172. 某些雷达在不用时合上船电闸刀的作用是_____。
 A. 启动雷达更快 B. 保护雷达电源
 C. 磁控管预热 D. 加热驱潮

173. 测得雷达混频晶体电流正常,说明_____。
   A. 接收机工作正常
   B. 发射机工作正常
   C. 变频器工作正常
   D. 雷达接收到目标回波

174. 船用雷达的"雷达电源"置于"工作"位置,调节"亮度"等旋钮,雷达荧光屏上没有出现船首线,但固定距标圈、电子方位线正常,此时应检查_____。
   A. 方位扫描系统
   B. 辉亮控制电路
   C. 视频混合放大器
   D. 船首线电路

175. 雷达数据输入输出接口中是输入输出双向接口的是_____。
   A. 发送舱向装置接口和电子定位系统接口
   B. 航速测量设备接口和电子定位系统接口
   C. 电子定位系统接口和矢量海图系统接口
   D. 自动识别系统接口和航行数据记录仪接口

176. 通常采用模拟接口与雷达传输信息的设备有_____。
   A. 陀螺罗经、GPS
   B. GPS、AIS
   C. 陀螺罗经、计程仪
   D. 计程仪、VDR

177. 雷达屏幕显示的目标船只,其识别信息由本船_____设备获得。
   A. AIS
   B. GPS
   C. ECDIS
   D. 陀螺罗经

178. 发射机磁控管的振荡频率决定了雷达探测微波的频率,_____决定了磁控管振荡频率的高低。
   A. 微波传输线路的长度
   B. 船舶航行的速度
   C. 磁控管自身的结构
   D. 雷达天线转动的速度

179. _____既可以使雷达天线收发共用,又可以保证雷达在发射信号时,接收系统免受大功率发射脉冲的损坏。
   A. 磁控管
   B. 双工器
   C. 选择电路
   D. 雷达电源

180. 航海雷达的_____和天线之间的连接,称为微波传输线路。
   A. 定时器
   B. 调制器
   C. 定时器
   D. 双工器

181. 中频放大器是雷达_____的核心,中频放大器采用_____对数级联放大器,扩展放大器的动态范围。
   A. 发射机;窄带调谐、高增益
   B. 发射机;窄带调谐、低增益
   C. 接收机;宽带调谐、高增益
   D. 接收机;宽带调谐、低增益

182. 在雷达信息处理与显示系统中,_____用于协调显示和发射的起始时刻,消除系统测距误差。
   A. 同步单元
   B. 信息处理器
   C. 坐标转换器
   D. 统一公共基准点

183. 为保证雷达目标探测方位精度,雷达天线水平波束宽度很窄,只有_____。

A. 1°~2°　　　　　　　　　　　B. 2°~3°
　　C. 3°~4°　　　　　　　　　　　D. 4°~5°

184. 为保证船舶在摇摆情况下不丢失目标,天线垂直波束宽度较宽,一般为_____。
　　A. 10°~20°　　　　　　　　　　B. 20°~30°
　　C. 30°~40°　　　　　　　　　　D. 40°~50°

185. 雷达安装时,如果 CCRP 偏差补偿没有正确设置,则雷达探测目标时会产生_____。
　　A. 测距误差和摇摆误差　　　　　B. 测向误差和摇摆误差
　　C. 测距误差或测向误差　　　　　D. 测距误差和测向误差

186. 现代雷达具有多个高速和低速串行接口,连接不同传感器时需设置不同的波特率,波特率反映了各端口数据传输的_____。
　　A. 误码速率　　　　　　　　　　B. 编码速率
　　C. 调制速率　　　　　　　　　　D. 信号速率

187. 船舶主 GNSS 设备为雷达系统提供_____船位和时间数据。
　　A. WGS-82　　　　　　　　　　　B. WGS-84
　　C. WGS-86　　　　　　　　　　　D. WGS-88

188. 在船舶雷达系统的配置中,提供船舶速度数据的是_____。
　　A. ECDIS　　　　　　　　　　　 B. THD
　　C. SDME　　　　　　　　　　　　D. VDR

189. 在船舶雷达系统中,_____。
　　A. 回波距离在显示器上完成,方位的测量在发射器上完成
　　B. 回波距离在接收器上完成,方位的测量在显示器上完成
　　C. 回波距离在发射器上完成,方位的测量在接收器上完成
　　D. 回波距离和方位的测量都在显示器上完成

190. 在船用雷达系统中,双工器的工作特性主要是_____系统连接。
　　A. 发射系统工作时,双工器使发射只与接收
　　B. 发射系统工作时,双工器使天线只与发射
　　C. 接收系统工作时,双工器使天线只与发射
　　D. 接收系统工作时,双工器使发射只与接收

191. 在船用雷达系统中,双工器工作特性是_____系统连接。
　　A. 发射系统工作时,双工器使发射只与接收
　　B. 发射系统工作时,双工器使天线只与接收
　　C. 接收系统工作时,双工器使天线只与接收
　　D. 接收系统工作时,双工器使天线只与发射

192. 在船用雷达系统中,_____的主要作用是阻止发射脉冲进入接收系统,保护了接收电路。
　　A. 发射系统　　　　　　　　　　B. 双工器
　　C. 接收系统　　　　　　　　　　D. 单工器

193. 在船用雷达系统中,_____的作用是防止烧坏接收系统前端电路,安装在环流器和接收系统之间。

A. 调制器 B. 微波限幅器
C. 双工器 D. 定时器

194. 在船用雷达系统中,基于 NMEA 0183 通信协议系统,其标识符为 AG/AP 的信息源应该是_____。
    A. 磁罗经 B. 陀螺罗经
    C. 自动舵 D. AIS

195. 在船用雷达系统中,基于 NMEA 0183 通信协议系统,其标识符为 EI 的信息源是_____。
    A. 自动舵 B. 陀螺罗经
    C. 电子海图 D. 雷达

196. 在导航仪与其他航行设备的接口系统中,校正纬度误差与速度误差的_____是 GPS 导航仪输出外设的主要功能。
    A. 自动舵 B. 陀螺罗经
    C. 船用电子海图 D. 雷达

197. 在安许茨 22 型陀螺罗经中,当接通船舶电源后,系统首先进入_____阶段。
    A. 加热 B. 随动系统工作
    C. 分罗经工作 D. 陀螺球工作

198. 在安许茨 22 型陀螺罗经中,当接通船舶电源后,数码显示器显示"h-.-"此时表明_____。
    A. 分罗经工作 B. 随动系统工作
    C. 加热阶段罗经液体温度 D. 陀螺球工作

199. 在安许茨 22 型陀螺罗经中,当接通船舶电源后,数码显示器显示"h",此时表明_____。
    A. 正在加热 B. 随动系统工作
    C. 加热阶段罗经液体温度 D. 陀螺球工作

200. 在安许茨 22 型陀螺罗经中,当接通船舶电源约 30 min 后,液体温度达到 45 ℃_____工作。
    A. 加热器 B. 随动系统
    C. 分罗经 D. 陀螺球

201. 在安许茨 22 型陀螺罗经中,当接通船舶电源后,主罗经航向数字后出现一持续发光的绿色亮点提示的含义是_____。
    A. 分罗经工作异常 B. 加热器工作
    C. 航向有很大的误差 D. 陀螺球工作

202. 在安许茨 22 型陀螺罗经中,按制造商规定,每_____更换一次支承液体。
    A. 12 个月 B. 16 个月
    C. 18 个月 D. 24 个月

203. 在船舶陀螺罗经中,_____是速度误差的解释。
    A. 船舶在恒向变速运动时,陀螺罗经主轴的稳定位置与航速为零时主轴的稳定位置两者在方位上的夹角
    B. 船舶在恒向变速运动时,陀螺罗经主轴的稳定位置与航速不为零时主轴的稳定位置两者在方位上的夹角

C. 船舶在恒向恒速运动时,陀螺罗经主轴的稳定位置与航速不为零时主轴的稳定位置两者在方位上的夹角

D. 船舶在恒向恒速运动时,陀螺罗经主轴的稳定位置与航速为零时主轴的稳定位置两者在方位上的夹角

204. 在船舶陀螺罗经中,其结构上采取了减振或平衡环装置的目的是_____。
   A. 消减冲击误差   B. 消减速度误差
   C. 消减纬度误差   D. 消减摇摆误差

205. 在船舶陀螺罗经中,传统陀螺罗经的传向系统分为_____传向系统两种。
   A. 交流同步式和直流步进式   B. 交流步进式和直流同步式
   C. 交流异步式和直流步进式   D. 交流异步式和直流同步式

206. 在船舶陀螺罗经中,_____用于航向信号放大。
   A. 分罗经信号分配器   B. 分罗经信号接收器
   C. 主罗经信号分配器   D. 主罗经航向发送器

207. 在船舶陀螺罗经中,现代数字陀螺罗经一般均设有_____输入和输出两个接口。
   A. RS-231 或 RS-485   B. RS-232 或 RS-422
   C. RS-231 或 RS-422   D. RS-232 或 RS-485

208. 船舶多普勒计程仪在跟踪深度范围以外的情况下,_____速度。
   A. 仅能提供相对于海底的相对   B. 仅能提供相对于海底的绝对
   C. 仅能提供相对于水层的相对   D. 仅能提供相对于水层的绝对

209. 在船舶多普勒计程仪中,其核心的原理是:当声源与接收者之间存在相对运动时,_____的现象。
   A. 接收者接收到声波的频率与声源频率相同
   B. 接收者接收到声波的波长与声源波长不同
   C. 接收者接收到声波的频率与声源频率不同
   D. 接收者接收到波长的频率与声源波长相同

210. 船舶航行数据记录仪的主机,通常安装在_____附近。
   A. 机舱   B. 舵机房
   C. 集控室   D. 驾驶台

211. 船舶航行数据记录仪的主机,主要包括_____。
   A. 微处理机、数据发送器和控制单元
   B. 微处理机、数据接收器和存储单元
   C. 主处理机、数据发送器和控制单元
   D. 主处理机、数据编码器和存储单元

212. 在船舶电子海图显示与信息系统(ECDIS)中,系统的组成包括_____。
   A. 系统硬件、应用软件和系统电子航海图数据库
   B. 系统硬件、应用软件和存储单元
   C. 应用软件、应用软件和系统电子航海图数据库
   D. 应用软件、数据编码器和存储单元

213. 船舶电子海图显示与信息系统（ECDIS）的系统硬件不包括_____。
   A. 陀螺罗经　　　　　　　　　　B. 中央处理器
   C. 存储器　　　　　　　　　　　D. 显示器

214. 在船舶电子海图显示与信息系统（ECDIS）中，_____不是 ECDIS 所具备的功能。
   A. 操纵船舶航向　　　　　　　　B. 电子海图管理和海图改正
   C. 航线设计　　　　　　　　　　D. 航海问题求解

215. 在船舶电子海图显示与信息系统（ECDIS）中，ECDIS 输入传感器对 NAVTEX_____强制，信息描述正确的为_____。
   A. 是；本船航次相关的气象信息　　　　B. 是；本船对地/对水航速和航程
   C. 可选；本船航次相关的气象信息　　　D. 可选；本船对地/对水航速和航程

216. 在船舶电子海图显示与信息系统（ECDIS）中，ECDIS 输入传感器 ECDIS 备份通常要求是_____强制，信息描述为_____。
   A. 是；至少提供本船的航线信息
   B. 是；本船周围雷达目标信息、跟踪目标信息
   C. 可选；至少提供本船的航线信息
   D. 可选；本船周围雷达目标信息、跟踪目标信息

217. 在船舶电子海图显示与信息系统（ECDIS）中，ECDIS 输出传感器通常要求 BAM_____强制，信息描述为_____。
   A. 是；ECDIS 当前报警列表、新的报警信息
   B. 是；ECDIS 操作记录
   C. 可选；ECDIS 当前报警列表、新的报警信息
   D. 可选；ECDIS 操作记录

218. 在船舶航海雷达系统中，有关扫描线特点，下列说法正确的是_____。
   A. 扫描线沿屏幕逆时针匀速转动
   B. 扫描线的转动周期 2 倍于雷达天线在空间的转动周期
   C. 发自扫描线起始点的轴向线称为扫描线
   D. 发自扫描线起始点的径向线称为扫描线

219. 在船舶雷达发射系统图中，常被称为触发脉冲产生器的是_____。

   A. A, 基准定时电路　　　　　　B. B, 调制器
   C. C, 磁控管　　　　　　　　　D. D, 双工器

220. 在船舶航海雷达系统中,铁氧体环流器的特性是_____。
    A. 传输特性可逆   B. 产生重复脉冲
    C. 接收重复脉冲   D. 定向传输微波

221. 在船舶航海雷达系统中,有关雷达波导管使用安装,说法错误的是_____。
    A. 安装时平面法兰朝向收发机,扼流法兰朝向天线
    B. 安装长度不宜超过 20 m
    C. 软波导不宜安装在外面
    D. 收发机波导出口应覆盖云母片

222. 为了提高回波质量,船舶航海雷达通常在近量程发射_____,接收系统通频带_____。
    A. 窄脉冲;较宽   B. 窄脉冲;较窄
    C. 宽脉冲;较窄   D. 宽脉冲;较宽

223. 在船舶雷达系统中,抗海浪干扰电路主要用在_____。
    A. 近量程   B. 中量程
    C. 远量程   D. 超远量程

224. 船舶雷达系统安装前的勘验与准备工作不包括_____。
    A. 图示标识雷达天线的选位及其最大旋转空间
    B. 检查并确认雷达安装配件及工具齐全
    C. 观测并校正真方位误差
    D. 在驾驶台布置图上标明雷达显示器、收发机等设备单元的安装场地

225. 现代雷达的 I/O 接口,其作用是将来自传感器的模拟信号进行_____。
    A. 海浪抑制   B. 雨雪干扰
    C. 数模转换   D. 模数转换

226. 现代雷达的 I/O 接口,其作用是将本身已经为数字信号的传感器信息_____,存入相应的存储单元。
    A. 海浪抑制   B. 雨雪干扰
    C. 恒虚警率技术   D. 编码转换分配

227. GPS 卫星导航系统,输出外部设备给雷达的作用是_____。
    A. 显示动态船位,显示雷达目标(光标)位置
    B. 实现航路导航,航线控制
    C. 记录船舶动态船位
    D. 校正罗经纬度误差

第二节　全球导航卫星系统

1. 以下哪个设备不需要 GPS 卫星导航仪的信号?_____。
    A. 陀螺罗经   B. AIS
    C. 电磁计程仪   D. VDR

2. GPS 卫星的位置可由_____获得。

A. 卫星电文　　　　　　　　　　　　B. 码相关运算求解
C. 主控站以通信方式　　　　　　　　D. 测距求解

3. 某时区为东6区的用户在进行GPS时差输入时，TIME DIFF值应设为_____。
A. +6:00　　　　　　　　　　　　　B. +12:00
C. -6:00　　　　　　　　　　　　　D. -12:00

4. DGPS由GPS卫星网、_____、_____及用户四部分组成。
A. 主控站；数据链　　　　　　　　　B. 主控站；VHF
C. 基准站；数据链　　　　　　　　　D. 基准站；VHF

5. GPS为INS提供的原始基本数据包括_____。
A. 本船位置、本船速度
B. 本船位置、本船速度、UTC时间
C. 本船位置、UTC时间
D. 本船位置、本船对地速度、本船航迹向、UTC时间

6. 船舶主GPS故障后，雷达_____功能无法使用。
A. 定位　　　　　　　　　　　　　　B. 平行线导航
C. AIS报告目标与雷达跟踪目标关联　D. 观测

7. 为了获得卫星到用户的真实距离，下列哪项不是GPS系统采取的方法？_____。
A. GPS卫星在发射给用户的卫星电文中提供卫星时钟偏差校正参量
B. GPS卫星通过发射双频信号来修正电离层折射误差
C. 用户在三维定位时用3颗卫星定位予以修正
D. 将用户的时钟误差作为未知数在观测方程中予以求解

8. 卫星信号的覆盖面积主要取决于_____。
A. 发射功率　　　　　　　　　　　　B. 卫星天线高度
C. 轨道高度　　　　　　　　　　　　D. 地面接收站高度

9. 为了求解用户的位置，卫星发射信号时的位置必须精确已知，用户通过_____来获得卫星的位置。
A. 3个球面半径交点
B. 接收GPS卫星发射的卫星电文中包含卫星星历
C. 3颗卫星定位
D. 4颗卫星定位

10. 为了获得卫星到用户的真实距离，GPS卫星通过_____来修正电离层的折射误差。
A. 卫星星历　　　　　　　　　　　　B. 3颗卫星定位
C. 发射双频信号　　　　　　　　　　D. 4颗卫星定位

11. 下列关于GPS天线安装的说法中，错误的是_____。
A. GPS天线不要安装在低于雷达天线的位置
B. GPS天线不要安装在雷达垂直束之内
C. GPS天线与VHF等鞭状天线的距离应大于1 m
D. GPS天线与中、高频发射天线的距离应大于4 m

12. DGPS 由_____四部分组成。
    A. GPS 卫星网、基准站、数据链、用户   B. GPS 卫星网、地面站、接收站、用户
    C. GPS 卫星网、地面站、基准站、用户   D. GPS 卫星网、数据链路、接收站、用户
13. GPS 卫星导航仪在_____时,需要初始化输入。
    A. 日常启动   B. 温启动
    C. 热启动   D. 冷启动
14. GPS 卫星导航可提供全球、全天候、高精度、_____。
    A. 连续、不实时定位与导航   B. 连续、近于实时定位与导航
    C. 间断、不实时定位与导航   D. 间断、近于实时定位与导航
15. 如果 GPS 掉电超过 24 h,再次启动称为_____,达到正常定位需要_____左右。
    A. 温启动;2 min   B. 温启动;5 min
    C. 热启动;2 min   D. 热启动;5 min
16. GPS 卫星导航仪输出信号的格式是_____。
    A. IEC 61162   B. NMEA
    C. ASCII   D. IEC 61162 或 NMEA
17. GPS 导航仪的输出接口通常采用_____协议。
    A. LPT   B. NMEA
    C. TDMA   D. CDMA
18. GPS 导航仪通过接口输出信号到陀螺罗经,其目的是_____。
    A. 为罗经提供时间参考   B. 在分罗经面板上显示船位数据
    C. 修正罗经航向误差   D. 校正罗经纬度误差与速度误差
19. GPS 导航仪通过接口输出信号到 AIS,其目的是_____。
    A. 仅为 AIS 提供时间基准   B. 仅在 AIS 上显示动态船位
    C. 实现航迹控制   D. 为 AIS 提供时间基准并显示动态船位
20. GPS 用户欲改变 GPS 接收机接口设置,可以在_____菜单中进行。
    A. SYS SETUP   B. GPS SETUP
    C. ALARMS   D. I/O SETUP
21. GPS 通过接口输出至 AIS 的信息包括_____。
    A. 船位   B. 船位和时间
    C. 船位、时间及航路点   D. 船位、时间、航路点和偏航值
22. GPS 导航仪采用_____。
    A. RS-232 或 RS-422 并行通信接口   B. RS-232 或 RS-422 串行通信接口
    C. RS-232 并行和以太网通信接口   D. RS-422 串行和以太网通信接口
23. 在 RS-422 和 RS-232-C 接口的 9 针(Pin)中,分别有_____针和_____针被用作 I/O 通信。
    A. 3;5   B. 5;4
    C. 4;5   D. 5;3
24. 下列关于 NMEA 协议对 GPS 接口参数的描述,正确的是_____。

A. 数据为 8 位,有奇偶校验　　　　　　　B. 数据为 8 位,无奇偶校验
C. 数据为 16 位,有奇偶校验　　　　　　 D. 数据为 16 位,无奇偶校验

25. 在综合导航系统接口技术中,关于 NMEA 0183 信号特性叙述,正确的是_____。
A. 8 个数据位,第 8 位总为 1　　　　　　 B. 无终止位
C. 输入电路为电压环电路　　　　　　　　D. 无奇偶校验位

26. 船用 GPS 导航仪通信标准接口,在 RS-422 接口的 9 针中,有_____针被用作 I/O 通信;在 RS-232C 接口的 9 针中,有_____针被用作 I/O 通信。
A. 4;2　　　　　　　　　　　　　　　　B. 4;3
C. 5;2　　　　　　　　　　　　　　　　D. 5;3

27. GPS 掉电 24 h 后开机,定位较慢,是由于设备处于_____状态。
A. 断电启动　　　　　　　　　　　　　　B. 温启动
C. 冷启动　　　　　　　　　　　　　　　D. 冷却启动

28. GPS 与 GMDSS 设备连接,是为通信设备的遇险报警提供_____。
A. 误差校正和控制　　　　　　　　　　　B. 航迹控制和校正
C. 船位和时间信息　　　　　　　　　　　D. 航向和时间信息

第三节　AIS 系统及接口知识

1. AIS 自动播发的船舶信息中包括船舶的_____信息。
①静态;②动态;③航次相关
A. ①②　　　　　　　　　　　　　　　　B. ①③
C. ②③　　　　　　　　　　　　　　　　D. ①②③

2. 为了平衡信道负荷,保证通信质量,AIS 通常_____频道发送 AIS 信息。
A. 使用 AIS1　　　　　　　　　　　　　 B. 使用 AIS2
C. 交替使用 AIS1 和 AIS2　　　　　　　　D. 同时使用 AIS1 和 AIS2

3. AIS 船载设备的工作模式与基站的工作模式_____,有_____工作模式。
A. 相同;三种　　　　　　　　　　　　　B. 相同;两种
C. 不同;两种　　　　　　　　　　　　　D. 不同;三种

4. 船载自动识别系统(AIS)设备工作在_____频段。
A. MF(中频)　　　　　　　　　　　　　 B. HF(高频)
C. VHF(甚高频)　　　　　　　　　　　　D. UHF(特高频)

5. AIS 设备在开启后自检结果正常,并能在_____内发射第一帧信息。
A. 0.5 min　　　　　　　　　　　　　　 B. 1 min
C. 2 min　　　　　　　　　　　　　　　 D. 5 min

6. 自动识别系统的关键动态信息是_____。
A. 艏向、航迹向　　　　　　　　　　　　B. 航向、对水航速
C. 位置、时间　　　　　　　　　　　　　D. MMSI、船名

7. 按照性能标准规定,AIS-SART 的水面探测距离至少为_____ n mile。

A. 2 B. 5
C. 10 D. 15

8. AIS 的设备报警信息显示有助于_____。
   A. 定位 B. 了解目标状态
   C. 导航 D. 设备维护

9. 500 总吨及以上船舶通常由_____提供 AIS 艏向信息。
   A. 陀螺罗经 B. GPS
   C. 磁罗经 D. 惯性导航系统

10. AIS 静态信息应_____。
    A. 在新航次开始时设置 B. 根据船长的命令设置
    C. 在设备安装时设置 D. 在船舶进坞维修后重新设置

11. AIS 播发和接收信息的方式是_____。
    A. 人工连续 B. 自主连续
    C. 人工随机 D. 自动随机

12. 船载 AIS 响应船舶或主管机关的询问,发送数据的工作模式称为_____。
    ①自主连续模式;②指定模式;③轮询模式
    A. ① B. ②
    C. ③ D. ②③

13. _____为船载 AIS 缺省工作状态。
    ①自主连续模式;②分配模式;③轮询模式
    A. ① B. ②
    C. ③ D. ②③

14. 使用 AIS 的主要目的是_____。
    A. 取代雷达设备,为驾引人员提供更详尽可靠的避碰操作参考信息
    B. 通过信息交换,为驾引人员提供更详尽可靠的避碰操作参考信息
    C. 作为船舶采取避碰措施的主要依据
    D. 取代 IBS 系统,为驾引人员提供更详尽可靠的避碰操作参考信息

15. 关于 AIS 基站,说法错误的是_____。
    A. 基站包括全功能和限制功能基站两类
    B. 在缺省工作状态下,基站每 10 s 发射一次基站 AIS 信息
    C. 限制功能基站具有控制 AIS 及其服务的能力
    D. 限制功能基站只用于限定水域的航行监控和与船载设备进行数据交换

16. 船载 AIS 设备中,能够提供艏向信息的设备是_____。
    A. 雷达 B. GPS 导航仪
    C. VHF D. 陀螺罗经

17. 船载 AIS 设备中,能够提供精确船位信息的传感器是_____。
    A. 雷达 B. GPS 导航仪
    C. VHF D. ECDIS

18. 为船载 AIS 提供速度信息的传感器可以是_____。
    A. ARPA   B. VHF
    C. 陀螺罗经   D. 计程仪
19. 能够为船载 AIS 提供精确船位信息的传感器是_____。
    A. GPS 导航仪   B. ARPA
    C. 陀螺罗经   D. 计程仪
20. AIS 设备应由_____电源供电。
    A. 电池   B. 主
    C. 应急   D. 主、应急
21. AIS 发送的导航数据信息 ROT 来源的传感器为_____。
    A. GPS   B. 新型数字陀螺罗经
    C. 测深仪   D. 计程仪
22. AIS 接收机广播数据接口的_____语句,表示本船收到的其他船舶信息。
    A. VDM   B. VDO
    C. VBW   D. VTG
23. AIS 船载设备传感器接口满足_____接口协议。
    A. CDMA   B. TDMA 和 IEC 61162
    C. TCP/IP   D. SMTP
24. AIS 的显示、通信及报警接口,为实现数据传输同步,需进行传感器接口_____设置。
    A. 波特率   B. IP 地址
    C. 时钟   D. 端口地址
25. AIS 设备能够在两个信道上使用两个_____接收机,_____接收信息。
    A. TDMA;交替   B. TDMA;同时
    C. ECDIS;交替   D. ECDIS;同时
26. AIS 设备在自主连续工作模式时,按照 TDMA 协议自行确定广播时隙,并_____解决与其他台站在发射时间上的冲突。
    A. 协商   B. 自动
    C. 分配   D. 轮询

第四节　惯性导航系统

1. 任何磁性物体与磁罗经的距离至少不得小于_____ m。
    A. 0.5   B. 1
    C. 1.5   D. 2
2. 磁罗经自差是由于运载体内磁效应引起的_____与_____之间的角度差。
    A. 艏向;磁北   B. 罗北;磁北
    C. 真北;艏向   D. 罗北;真北
3. 惯性导航是根据_____惯性原理,利用惯性元件测量运载体本身的_____。

A. 安培;速度 B. 焦耳;加速度
C. 爱因斯坦;速度 D. 牛顿;加速度

第五节　船舶罗经设备

1. 影响自由陀螺仪主轴不能稳定指北的最主要因素是_____。
   A. 地球自转角速度的水平分量 B. 地球自转角速度的垂直分量
   C. 陀螺仪本身的特性 D. 在陀螺仪主轴上外加力矩
2. 自由陀螺仪的定义是_____。
   A. 重心与其支架中心相重合的三自由度陀螺仪
   B. 主轴可指向空间任意方向的陀螺仪
   C. 不受任何外力矩作用的平衡陀螺仪
   D. 高速旋转的三自由度陀螺仪
3. 当自由陀螺仪相对于水平面做视运动时,与其运动角速度有关的因素是_____。
   A. 地理纬度、高度角 B. 方位角、高度角
   C. 地理纬度、方位角 D. 高度角、地理经度
4. 引起陀螺罗经控制力矩变化的因素为_____。
   A. 纬度 B. 方位角
   C. 高度角 D. 主轴动量矩
5. 一个自由陀螺仪要成为实用的陀螺罗经,必须对其施加_____。
   A. 进动力矩和稳定力矩 B. 控制力矩和稳定力矩
   C. 进动力矩和阻尼力矩 D. 控制力矩和阻尼力矩
6. 高速旋转的自由陀螺仪,在受到外力矩作用时,将表现出_____。
   A. 定轴性 B. 进动性
   C. 控制力矩 D. 阻尼力矩
7. 影响自由陀螺仪不能稳定指北的因素是存在_____。
   A. 控制力矩 B. 阻尼力矩
   C. 地球自转 D. 纬度变化
8. 陀螺罗经应用的陀螺仪都是_____的自由陀螺仪。
   A. 二自由度 B. 三自由度
   C. 四自由度 D. 单自由度
9. 陀螺仪主轴动量矩是表示陀螺仪转轴性能的主要参数,它的正向与转子旋转方向有关,其关系满足_____。
   A. 左手定则 B. 右手螺旋定则
   C. 右手定则 D. 左手螺旋定则
10. 在摆式罗经中,对陀螺仪施加阻尼力矩,能够使其抵达应有的稳定位置。由阻尼设备产生阻尼力矩作用于罗经上,通过压缩椭圆短轴,以实现阻尼的方法,称为_____。
    A. 垂直阻尼法 B. 水平阻尼法

C. 摆式阻尼法　　　　　　　　　　　D. 平衡阻尼法

11. 电磁控制罗经与机械式罗经相比,其优点体现在_____。
    A. 结构参数的选择要满足舒勒条件
    B. 启动时,工作于强阻尼状态
    C. 运行时,工作于强阻尼状态
    D. 机械摆式罗经采用力矩器给陀螺仪施加力矩

12. 三自由度陀螺仪在高速转动时,其主轴将指向_____,若在垂直主轴方向上加外力矩,主轴将_____。
    A. 空间某一方向;产生进动　　　　B. 真北;指向真北
    C. 空间某一方向;保持指向不变　　D. 真北;保持指向不变

13. 假设自由陀螺仪主轴初始水平指正东方向,现将基座倾斜,如图所示,则出现主轴指向正_____。

    A. 东　　　　　　　　　　　　　　B. 南
    C. 西　　　　　　　　　　　　　　D. 北

14. 陀螺仪的视运动规律是:在北纬,主轴指北端相对于子午面偏转的角速度大小为_____。
    A. $\omega_1 = \omega_e \cos\varphi$　　　　　　B. $\omega_2 = \omega_e \sin\varphi$
    C. $\omega_1 = \omega_e \tan\varphi$　　　　　　D. $\omega_2 = \omega_e \cot\varphi$

15. 陀螺仪的视运动规律是:主轴指北端相对于水平面升降角速度的大小为_____。
    A. $\omega_1 = \omega_e \cos\varphi \cdot \alpha$　　　　B. $\omega_2 = \omega_e \sin\varphi \cdot \alpha$
    C. $\omega_1 = \omega_e \tan\varphi \cdot \alpha$　　　　D. $\omega_2 = \omega_e \cot\varphi \cdot \alpha$

16. 在启动阿玛-勃朗10型罗经时,操作"旋转速率"控钮的作用是_____。
    A. 消除速度、纬度误差　　　　　　B. 消除摇摆误差
    C. 使罗经工作在方位陀螺仪状态　　D. 减少陀螺罗经的稳定时间

17. 陀螺仪具有控制力矩,可使主轴具有_____的性能。
    A. 相对于宇宙稳定不动　　　　　　B. 寻找真北
    C. 稳定指北　　　　　　　　　　　D. 相对于地球稳定不动

18. 斯伯利37型陀螺罗经的正常启动步骤是:接通电源开关后,将"转换"开关按序置于_____、_____、_____和_____位置。
    A. 旋转;启动;校平;运转　　　　　B. 启动;旋转;校平;运转
    C. 旋转;启动;运转;校平　　　　　D. 启动;校平;旋转;运转

19. 下列哪项与陀螺罗经的速度误差无关？_____。
    A. 航速
    B. 航向
    C. 船舶所在纬度
    D. 罗经结构参数

20. 当船舶机动航行的纬度(为)_____时，陀螺罗经不产生第一类冲击误差。
    A. 高于设计纬度
    B. 低于设计纬度
    C. 设计纬度
    D. 赤道附近

21. 船舶在海上转向后，船上罗经主要存在_____误差。
    A. 纬度和冲击
    B. 速度和纬度
    C. 冲击和摇摆
    D. 速度和冲击

22. 陀螺罗经的基线误差是指罗经基线_____。
    A. 偏离真北的误差
    B. 偏离罗北的误差
    C. 偏离水平面的误差
    D. 偏离船首线的误差

23. 陀螺罗经产生基线误差的原因是_____。
    A. 罗经主轴偏离子午面
    B. 船舶做恒速恒向运动
    C. 罗经零刻度与船首线不一致
    D. 刻度盘基线与船首线不一致

24. 模拟电路式陀螺罗经消除速度误差的方法通常是_____。
    ①调整纬度旋钮，使其指向当时船舶所在的纬度值上；②调整速度旋钮，使其指向当时船舶所在的速度值上
    A. ①
    B. ②
    C. ①和②
    D. ①②都不对

25. 陀螺罗经产生纬度误差的原因是_____。
    A. 船舶机动航行
    B. 船舶恒向、恒速航行
    C. 采用垂直轴阻尼法
    D. 采用水平轴阻尼法

26. 陀螺罗经的纬度误差是采用_____阻尼法造成的，且随纬度的增大而_____。
    A. 垂直轴；增大
    B. 水平轴；增大
    C. 垂直轴；减小
    D. 水平轴；减小

27. 下列哪些因素会影响陀螺罗经的速度误差？_____。
    ①航向；②船速；③纬度
    A. ②③
    B. ①②
    C. ①③
    D. ①②③

28. 若陀螺罗经不产生冲击误差，船舶应处在_____运动状态。
    A. 变速变向
    B. 恒速变向
    C. 变速恒向
    D. 恒速恒向

29. 陀螺罗经速度误差的大小与纬度_____，而与纬度的符号_____。
    A. 有关；有关
    B. 有关；无关
    C. 无关；无关
    D. 无关；有关

30. 影响陀螺罗经速度误差大小的参数是_____。
    A. 陀螺罗经的类型
    B. 船舶航行方向

C. 陀螺罗经的结构参数　　　　　　　　D. 船舶所在的经度

31. 在船舶恒向恒速运动时,陀螺罗经将产生_____。
   A. 速度误差　　　　　　　　　　　　B. 摇摆误差
   C. 冲击误差　　　　　　　　　　　　D. 纬度误差

32. 陀螺罗经因采用垂直轴阻尼而产生的误差是_____。
   A. 基线误差　　　　　　　　　　　　B. 纬度误差
   C. 冲击误差　　　　　　　　　　　　D. 速度误差

33. 陀螺罗经工作正常,当主罗经随动部分与灵敏部分在方位角上出现偏差时,将产生_____,经放大器放大后驱动方位电机带动随动部分转动,消除随动部分与灵敏部分在方位角上出现偏差。
   A. 步进信号　　　　　　　　　　　　B. 同步信号
   C. 随动信号　　　　　　　　　　　　D. 方位信号

34. 因安许茨系列陀螺罗经未采用_____,因而不产生纬度误差。
   A. 陀螺球重心下移　　　　　　　　　B. 双转子
   C. 液浮支承　　　　　　　　　　　　D. 垂直轴阻尼法

35. 安许茨系列罗经的陀螺球采用双转子结构的作用是消除_____。
   A. 纬度误差　　　　　　　　　　　　B. 第一类冲击误差
   C. 摇摆误差　　　　　　　　　　　　D. 速度误差

36. 因安许茨系列罗经采用了_____,则罗经不产生纬度误差。
   A. 陀螺球重心下移　　　　　　　　　B. 双转子
   C. 液浮支承　　　　　　　　　　　　D. 水平轴阻尼法

37. 不产生纬度误差的陀螺罗经是_____。
   A. 安许茨系列罗经　　　　　　　　　B. 斯伯利系列罗经
   C. 阿玛-勃朗系列罗经　　　　　　　　D. SGB1000 型罗经

38. 安许茨型陀螺罗经消除摇摆误差的方法是采用_____。
   A. 增大液体黏度的液体阻尼器　　　　B. 增大液体黏度的电磁摆
   C. 双转子的陀螺球　　　　　　　　　D. 硅油悬浮陀螺球

39. 在陀螺罗经的纬度误差消除方法中,通过转动罗经航向基线来消除纬度误差的方法叫作_____。
   A. 外补偿法　　　　　　　　　　　　B. 内补偿法
   C. 经验法　　　　　　　　　　　　　D. 查表法

40. 在陀螺罗经的纬度误差消除方法中,利用一套解算装置,计算并输出与误差相关的补偿力矩,抵消引起误差的多余力矩来消除纬度误差的方法叫作_____。
   A. 外补偿法　　　　　　　　　　　　B. 内补偿法
   C. 经验法　　　　　　　　　　　　　D. 查表法

41. 液体连通器罗经的减幅摆动采用_____。
   A. 垂直阻尼法　　　　　　　　　　　B. 水平阻尼法
   C. 重心下重法　　　　　　　　　　　D. 西侧加阻尼块

42. 在北纬静止基座上,陀螺罗经主轴的稳定位置,在子午面内并相对于水平面抬高一个角度,具有这种特点的陀螺罗经是采用_____。
    A. 转子个数　　　　　　　　　　　　B. 等幅摆动周期
    C. 垂直阻尼法　　　　　　　　　　　D. 水平阻尼法

43. 与陀螺罗经的摇摆误差有关的参数有_____。
    A. 罗经的结构参数、罗经的安装位置、船舶摇摆姿态
    B. 罗经的结构参数、罗经所在经度、船舶摇摆姿态
    C. 罗经所在经度、罗经所在纬度、船舶摇摆速度
    D. 罗经所在纬度、船舶摇摆速度、船舶摇摆姿态

44. 为了克服摇摆误差,电磁控制系列陀螺罗经采用_____。
    A. 在陀螺球内将单个陀螺转子变换为两个互成直角的陀螺转子
    B. 在敏感主轴高度角的电磁摆内充满黏性很大的硅油
    C. 利用调整液体连通器内液体的流动周期,使其远大于船舶摇摆周期
    D. 在水平轴上安装力矩器

45. 为了克服摇摆误差,下重式系列陀螺罗经采用_____。
    A. 在陀螺球内将单个陀螺转子变换为两个互成直角的陀螺转子
    B. 在敏感主轴高度角的电磁摆内充满黏性很大的硅油
    C. 利用调整液体连通器内液体的流动周期,使其远大于船舶摇摆周期
    D. 在水平轴上安装力矩器

46. 安许茨型陀螺罗经支承陀螺球是采用_____方式。
    A. 液浮　　　　　　　　　　　　　　B. 液浮和导向轴承
    C. 液浮和辅助支撑力　　　　　　　　D. 液浮和扭丝支承

47. 陀螺罗经主罗经灵敏部分的作用是_____。
    A. 自动找北、稳定指北
    B. 指示航向,将航向传递给分罗经
    C. 保证支撑液体恒温
    D. 检测陀螺球航向值或将航向传递到主罗经刻度盘

48. 安许茨型主罗经刻度盘不随船舶偏转,可能的原因是_____。
    A. 电解液水准器不工作　　　　　　　B. "E"型变压器不工作
    C. 电磁摆没输出　　　　　　　　　　D. 信号电桥不工作

49. 阿玛-勃朗型罗经扭丝正常,但灵敏部分不产生力矩的原因是_____。
    A. "8"字敏感线圈无输出　　　　　　B. "E"型变压器无输出
    C. 电磁摆无输出　　　　　　　　　　D. 信号电桥无输出

50. 属于安许茨4型陀螺罗经随动系统的器件是_____。
    A. "8"字敏感线圈　　　　　　　　　B. "E"型变压器
    C. 电磁摆　　　　　　　　　　　　　D. 信号电桥

51. 属于斯伯利37型罗经传向系统的器件是_____。
    A. 交流同步发送器　　　　　　　　　B. 光电步进发送器

C. 数字码盘发送器　　　　　　　　D. 红外脉冲发送器
52. 船用陀螺罗经,按其结构特征和工作原理,可分为_____。
　　A. 下重式、液体连通器式和电磁控制式　　B. 上重式、液体连通器式和电磁控制式
　　C. 下重式、水银连通器式和电磁控制式　　D. 下重式、液体连通器式和机械控制式
53. 在船用模拟式罗经的附属装置中,用以将分罗经的航向调整与主罗经航向一致的装置是_____。
　　A. 分罗经中的手调匹配装置　　　　B. 分罗经中的航向记录器
　　C. 分罗经中的电源控制装置　　　　D. 分罗经中的变流机或逆变器
54. 阿玛-勃朗 10 型罗经检测随动信号的元件是_____。
　　A. 信号电桥　　　　　　　　　　　B. 随动变压器
　　C. "8"字形线圈和磁铁　　　　　　 D. 电磁摆
55. 陀螺罗经主罗经随动部分的作用之一是_____。
　　A. 指北
　　B. 指示航向,将航向传递给分罗经
　　C. 保证支撑液体恒温
　　D. 将灵敏部分与外界隔离,以减少对灵敏部分的干扰
56. 不属于主罗经组成部分的是_____。
　　A. 灵敏部分　　　　　　　　　　　B. 固定部分
　　C. 随动部分　　　　　　　　　　　D. 附属部分
57. _____是自动按照时间,用记录纸记录船舶航行中的航向,以备查考的装置。
　　A. 手调匹配装置　　　　　　　　　B. 航向记录器
　　C. 电源控制装置　　　　　　　　　D. 变流机或逆变器
58. 斯伯利 37 型罗经使用_____电源。
　　A. 中频变流机组　　　　　　　　　B. 逆变器
　　C. 直流电源　　　　　　　　　　　D. 50 Hz 交流电
59. 陀螺罗经逆变器提供的电源频率是_____。
　　A. 30 MHz　　　　　　　　　　　　B. 50 Hz
　　C. 400 Hz　　　　　　　　　　　　D. 9 GHz
60. 现代船用陀螺罗经的电源系统通常是_____。
　　A. 变压器　　　　　　　　　　　　B. 整流器
　　C. 逆变器　　　　　　　　　　　　D. 稳压器
61. 陀螺罗经的电源系统的作用是_____。
　　A. 将船电转换成罗经需要的三相交流电　　B. 将船电转换成罗经需要的单项交流电
　　C. 将船电转换成罗经需要的直流电　　　　D. 将船电转换成罗经用电
62. 可完成船电转变成罗经用电的设备是_____。
　　A. 分罗经接线箱　　　　　　　　　B. 航向发送箱
　　C. 逆变器　　　　　　　　　　　　D. 电源开关箱
63. 船用陀螺罗经的电路系统组成是_____。

①电源系统；②灵敏部分；③传向系统；④固定部分；⑤随动系统；⑥附属电路
A. ①②③④
B. ①③⑤⑥
C. ③④⑤⑥
D. ①②⑤⑥

64. 安许茨型陀螺罗经，电源系统变流机的组成为_____。
A. 电动机和变频机
B. 电动机和发电机
C. 发电机和变频机
D. 发电机和逆变机

65. 在船用陀螺罗经的电路系统中，_____是将主罗经的航向传送到分罗经和其他复示器。
A. 电源系统
B. 随动系统
C. 传向系统
D. 附属电路系统

66. 下重式系列陀螺罗经的陀螺马达，三相交流通路由陀螺球的_____输入。
①顶电极；②随动电极；③赤道电极；④底电极
A. ①②③
B. ①③④
C. ②③④
D. ①②④

67. 以安许茨型罗经为例，三相交流电电流小时，不可能的原因是_____。
A. 支承液体的导电率太小
B. 支承液体、陀螺球及随动球等的导电部位太脏
C. 变流机输出的三相电压小于 110 V
D. 变流机输出的三相电压大于 110 V

68. 斯伯利 37 型罗经随动信号检测元件是_____。
A. "E"形变压器
B. 液体电阻信号电桥
C. 电磁铁与敏感线圈
D. 同步接收机

69. 陀螺罗经主罗经的刻度盘属于_____。
A. 灵敏部分
B. 随动部分
C. 固定部分
D. 传向部分

70. 在陀螺罗经的主罗经中，_____使刻度盘上 0°~180°的连线与陀螺仪主轴始终保持一致。
A. 步进系统
B. 同步系统
C. 传向系统
D. 随动系统

71. 分罗经航向不随主陀螺罗经航向变化，可能的原因是_____。
A. 主罗经信号电桥不工作
B. 主罗经航向发送器不正常
C. 主罗经液体温度过高
D. 主罗经电磁摆无输出

72. 安许茨 STD-22 型罗经启动后，当支承液体温度达到_____时，随动系统自动接通。
A. 35 ℃
B. 38.8 ℃
C. 45 ℃
D. 47 ℃

73. 斯伯利 MK-37 型罗经的随动变压器安装在_____位置。
A. 陀螺球东侧
B. 方位齿轮中部
C. 垂直环西侧
D. 叉型随动环西侧

74. 斯伯利 MK-37 型罗经的随动系统由随动变压器、随动放大器和_____等组成。
A. 叉型随动环
B. 方位齿轮

C. 自整角机 D. 方位电机

75. 斯伯利 MK-37 型罗经随动信号检测元件是_____。
    A. 液体电阻信号电桥 B. 敏感线圈与电磁铁
    C. "E"形变压器 D. 随动电机

76. 在罗经中,用于监测出灵敏部分和随动部分位置偏差的器件,称为_____。
    A. 方位随动电机 B. 随动敏感元件
    C. 方位敏感元件 D. 齿轮传动装置

77. 安许茨"4"型陀螺罗经的随动敏感元件是_____,它由陀螺球和随动球的随动电极间液体电阻和放大器前端输入变压器初级线圈的感抗构成了_____。
    A. "E"型随动变压器与陀螺球边侧的衔铁;凯尔文电桥
    B. 信号电桥;凯尔文电桥
    C. "E"型随动变压器与陀螺球边侧的衔铁;惠斯通电桥
    D. 信号电桥;惠斯通电桥

78. 斯伯利 MK-37 型罗经的随动陀螺球敏感元件的组成电路是_____。
    A. 互补推挽 B. "E"型随动变压器与陀螺球边侧的衔铁
    C. 凯尔文电桥 D. 惠斯通电桥

79. 安许茨系列陀螺罗经的随动信号是由_____提供的。
    A. "8"字形线圈 B. "E"型变压器
    C. 电磁摆 D. 信号电桥

80. 陀螺罗经随动系统的作用是_____。
    A. 使主罗经的航向精确地传到分罗经 B. 可以使罗经主轴自动地找北指北
    C. 使主罗经的随动部分跟踪灵敏部分 D. 使支承液体稳定保持不变

81. 在船用陀螺罗经的电路系统中,_____是控制随动部分跟踪灵敏部分,将陀螺仪主轴的指向反映到刻度盘上。
    A. 电源系统 B. 随动系统
    C. 传向系统 D. 附属电路系统

82. 下重式系列陀螺罗经的随动信号通路是由陀螺球的_____输出。
    A. 顶电极 B. 随动电极
    C. 赤道电极 D. 底电极

83. 斯伯利 37 型罗经的传向系统为直流步进式,其传送航向的精度为_____。
    A. 1/6° B. 5/6°
    C. 1.0° D. 1.5°

84. 若主罗经刻度盘指示航向正常,分罗经无法显示正确的航向,可能的原因是_____。
    A. 随动系统工作不正常 B. 随动敏感元件无输出
    C. 方位电机不转 D. 传向系统工作不正常

85. 安许茨 STD-4 型罗经传向系统采用的输出方式为_____。
    A. 同步式发送 B. NMEA 数字信号
    C. 步进信号 D. 同步信号与 NMEA 数字信号

86. 斯伯利 MK-37 型罗经传向系统采用的输出方式为_____。
    A. 同步式发送　　　　　　　　　B. NMEA 数字信号
    C. 步进信号　　　　　　　　　　D. 步进信号与 NMEA 数字信号
87. 采用同步式传向系统的分罗经,同步发送器的转子转 1 圈,则分罗经的刻度盘改变航向_____。
    A. 1/6°　　　　　　　　　　　　B. 1/3°
    C. 1/2°　　　　　　　　　　　　D. 1°
88. 陀螺罗经的传向系统的组成有_____。
    A. 航向发送器和分罗经信号分配器
    B. 航向发送器和航向接收器
    C. 航向发送器、分罗经信号分配器和航向接收器
    D. 航向发送器、分罗经信号分配器、航向记录器和航向接收器
89. 在陀螺罗经的传向系统中,用于航向信号放大的是_____。
    A. 分罗经信号分配器　　　　　　B. 航向发送器
    C. 航向接收器　　　　　　　　　D. 航向记录器
90. 斯伯利 37 型罗经的传向系统是_____。
    ①交流同步传向系统;②光电式步进传向系统;③接触式步进传向系统
    A. ①　　　　　　　　　　　　　B. ②
    C. ③　　　　　　　　　　　　　D. ①②③
91. 斯伯利 37 型罗经的传向系统是_____。
    A. 交流同步传向系统　　　　　　B. 光电式步进传向系统
    C. 接触式步进传向系统　　　　　D. 交流自整角机系统
92. 陀螺罗经主罗经_____的作用是将主罗经的航向传送到分罗经和其他复示器。
    A. 随动系统　　　　　　　　　　B. 传向系统
    C. 温控系统　　　　　　　　　　D. 电源系统
93. 斯伯利 MK-37 型罗经的传向系统由_____组成。
    A. 主罗经上的同步发送器、航向发送器中的同步放大电路和同步分罗经
    B. 主罗经上的步进发送器、航向发送器中的步进放大电路和同步分罗经
    C. 主罗经上的步进发送器、航向发送器中的步进放大电路和步进分罗经
    D. 主罗经上的同步发送器、航向发送器中的同步放大电路和步进分罗经
94. 现代陀螺罗经的传向系统,采用_____替代以前的发送器,经信号分配处理后,驱动多个分罗经。
    A. 数字编码器输出数字航向信号　B. 数字编码器输出模拟航向信号
    C. 模拟编码器输出数字航向信号　D. 模拟编码器输出模拟航向信号
95. 船用陀螺罗经启动通常需要 4 h 的稳定时间,稳定时间的长短与_____等因素有关。
    A. 罗经的摇摆幅度　　　　　　　B. 罗经的使用时间
    C. 地理经度　　　　　　　　　　D. 地理纬度
96. 船用陀螺罗经启动通常需要 4 h 的稳定时间,稳定时间的长短与_____等因素有关。

A. 地理经度 B. 罗经的摇摆幅度
C. 罗经的使用时间 D. 罗经自身结构

97. 船用陀螺罗经启动通常需要 4 h 的稳定时间,稳定时间的长短与_____等因素有关。
A. 罗经的使用时间 B. 地理经度
C. 罗经的摇摆幅度 D. 罗经指北端初始位置

98. 船舶陀螺罗经借助随动系统跟踪灵敏部分,从而将_____反映到航向指示器。
A. 陀螺仪的水平轴指向 B. 陀螺仪的主轴指向
C. 陀螺仪进动轴指向 D. 陀螺仪垂直轴指向

99. 为保证陀螺电机高速转动,陀螺罗经电源频率应保持在_____。
A. 100~200 Hz B. 200~300 Hz
C. 300~400 Hz D. 400~500 Hz

100. 现代数字陀螺罗经用于自动校正速度误差和纬度误差的速度和纬度数据来自_____传感器。
A. 计程仪 B. GNSS
C. 测深仪 D. 陀螺罗经

101. 在下列陀螺罗经的使用中,需要消除纬度误差的是_____。
A. ANSCHUTZ-4 B. Sperry-37 和 ARMA-BROWN-10
C. Sperry-37 D. ARMA-BROWN-10

102. 在陀螺罗经的组成和结构中,起指北作用的是_____。
A. 随动部分 B. 固定部分
C. 灵敏部分 D. 自整角机部分

103. ANSCHUTZ-4 型陀螺罗经的电源,采用变流机组的原因是_____。
A. 普通商船船电是直流电不适应陀螺马达需要的交流电要求
B. 普通商船船电是交流电不适应陀螺马达需要的直流电要求
C. 普通商船船电的电压不适应陀螺马达需要的低转速要求
D. 普通商船船电的频率不适应陀螺马达需要的高转速要求

104. 在 ANSCHUTZ-4 型陀螺罗经中,航向发射器安装在_____上。
A. 信号分配箱 B. 主罗经
C. 分罗经 D. 航向记录器

第六节 船用计程仪

1. 电磁计程仪由_____、_____、_____等部分组成。
A. 换能器;放大器;指示器 B. 电磁传感器;放大器;指示器
C. 换能器;接收机;发射机 D. 电磁传感器;接收机;发射机

2. 电磁计程仪是利用_____原理来测量船舶航速和累计航程的相对计程仪。
A. 多普勒效应 B. 电磁感应
C. 回声 D. 声相关

3. 电磁计程仪用于测速的器件是_____。
   A. 换能器　　　　　　　　　　B. 电磁传感器
   C. 皮托管　　　　　　　　　　D. 光电传感器
4. 电磁计程仪传感器的作用是检测船相对水流速度,并输出_____。
   A. 一个与速度成正比关系的电信号　　B. 一个与速度成反比关系的电信号
   C. 一个与速度成正比或反比的电信号　　D. 一个与速度成正弦关系的电信号
5. 电磁式计程仪的传感器把船舶相对于水的速度转变成电信号的原理是_____。
   A. 利用水流切割磁力线产生电动势,作为船速信号
   B. 利用传感器发射超声波的多普勒频移,作为船速信号
   C. 利用传感器发射电磁波的多普勒频移,作为船速信号
   D. 利用换能器检测船速信号的延时
6. 电磁计程仪是_____,传感器输出的电信号与船舶相对于水的速度成_____关系。
   A. 绝对计程仪;正比　　　　　　B. 绝对计程仪;反比
   C. 相对计程仪;正比　　　　　　D. 相对计程仪;反比
7. 多普勒计程仪的超声波发射方向与航速方向不能相互垂直的原因是_____。
   A. 减少纵向摇摆误差　　　　　　B. 减少颠簸误差
   C. 便于接收反射回波　　　　　　D. 垂直时不产生多普勒效应
8. 多普勒计程仪在船底安装有_____。
   A. 电磁传感器　　　　　　　　　B. 声电换能器
   C. 电磁波辐射器　　　　　　　　D. 水底管
9. 声相关计程仪不仅用于计程,同时可用于_____。
   A. 测量水深　　　　　　　　　　B. 探测海底性质
   C. 测量鱼群　　　　　　　　　　D. 测危险物方位
10. 声相关计程仪是通过测量_____从而得到船舶航行速度。
    A. 感应电动势　　　　　　　　　B. 水压力
    C. 多普勒频移　　　　　　　　　D. 相关延时
11. 电磁计程仪采用_____原理测量船舶航速。
    A. 相关技术处理水声信息　　　　B. 光电效应
    C. 电磁感应　　　　　　　　　　D. 多普勒效应
12. 根据多普勒计程仪的测速原理,船速是_____参数的函数。
    ①发射频率;②脉冲重复频率;③脉冲宽度;④多普勒频移;⑤声波传播速度
    A. ①②③　　　　　　　　　　　B. ①②④
    C. ①④⑤　　　　　　　　　　　D. ③④⑤
13. 关于多普勒计程仪,下列叙述不正确的是_____。
    A. 它通过测量多普勒频移来测速
    B. 它在跟踪深度范围内测量船舶对地速度
    C. 它不能测量船舶对水速度
    D. 它发射超声波的方向不能与船速方向垂直

14. 多普勒计程仪是应用多普勒效应工作的,当声源与接收者相互靠近时,接收者接收到的声波频率和声源频率相比_____。
    A. 升高 B. 降低
    C. 相同 D. 时高时低

15. 在多普勒计程仪中,不使超声波发射方向与航速方向相垂直(即发射波束俯角≠90°)的原因是_____。
    A. 减少纵向摇摆误差 B. 减少上下颠簸误差
    C. 便于接收反射回波 D. 垂直时不产生多普勒效应

16. 多普勒计程仪换能器的作用是_____。
    A. 实现电能与电磁波能量的相互转换 B. 实现电能与声能的相互转换
    C. 实现声波的收发转换 D. 实现电能与化学能量的相互转换

17. 多普勒计程仪采用双波束测速原理的目的是_____。
    A. 消除海底的性质不同给声波反射带来的影响
    B. 抑制海洋噪声
    C. 克服声能被吸收的现象
    D. 消除船舶颠簸摇摆而引起的测速误差

18. 在船用计程仪中,其功能不但可检测船舶纵向前进或者后退的速度,还可测量船舶横向速度的计程仪是_____。
    A. 电磁计程仪 B. 声相关计程仪
    C. 多普勒计程仪 D. 水压式计程仪

19. 在船用多普勒计程仪中,多普勒效应是指_____。
    A. 当声源与接收者存在绝对运动时,接收者接收的回波包络幅值与声源不同
    B. 当声源与接收者存在相对运动时,接收者接收的回波包络幅值与声源相同
    C. 当声源与接收者存在相对运动时,接收者接收的声波频率与声源频率不同
    D. 当声源与接收者存在绝对运动时,接收者接收的声波频率与声源频率相同

20. 多普勒计程仪采用_____原理测量船舶航速。
    A. 相关技术处理水声信息 B. 光电效应
    C. 电磁感应 D. 多普勒效应

21. 关于声相关计程仪,下列说法错误的是_____。
    A. 可以兼作测深仪使用 B. 在跟踪深度范围内测量对地速度
    C. 测速精度与声速有关 D. 通过测量相关延时来测速

22. 声相关计程仪测得的船速 v 与前后两换能器间距离 s 及信号延时 τ 的关系是_____。
    A. v 分别与 s 和 τ 成正比 B. v 分别与 s 和 τ 成反比
    C. v 与 s 成正比,与 τ 成反比 D. v 与 τ 成正比,与 s 成反比

23. 下列关于声相关计程仪工作特点的描述,正确的是_____。
    A. 声相关计程仪只工作于"海底跟踪"方式,测量船舶对地的速度
    B. 声相关计程仪只工作于"水层跟踪"方式,测量船舶对水的速度
    C. 声相关计程仪可兼作测深仪使用,测量水深

D. 声相关计程仪测量精度受声速变化的影响极大

24. 下列哪些计程仪可测船舶左右移动速度？_____。
①电磁计程仪；②多普勒计程仪；③声相关计程仪
   A. ①②   B. ①③
   C. ②③   D. ①②③

25. 声相关计程仪测速精度与_____无关。
   A. 回波信号包络   B. 海水声速
   C. 回波相关延时   D. 收发换能器间的距离

26. 声相关计程仪的特点是测量精度不受_____的影响。
   A. 海洋噪声   B. 海底性质
   C. 声能吸收   D. 水温和盐度

27. 声相关计程仪采用_____原理测量船舶航速。
   A. 相关技术处理水声信息   B. 光电效应
   C. 电磁感应   D. 多普勒效应

28. 计程仪显示的船位和时间信息，来自_____数据接口。
   A. GNSS   B. ECDIS
   C. VDR   D. AIS

29. 船用测深仪船用时间门技术，一旦时间门内无任何回波，则系统_____，开启全程搜索。
   A. 放弃时间门   B. 开始初始化
   C. 重新起动   D. 休眠状态

第七节　测深系统

1. 在回声测深仪中，向海底发射超声波脉冲的设备是_____。
   A. 发射振荡器   B. 脉冲发生器
   C. 发射换能器   D. 显示器

2. 船用回声测深仪通常取声波在海水中的标准声速为_____ m/s，在水中对声速影响最大的是_____。
   A. 330；温度   B. 1 500；含盐量
   C. 330；含盐量   D. 1 500；温度

3. 如果超声波在海水中往返时间是 2 s，则回声测深仪显示的水深是_____。
   A. 330 m   B. 660 m
   C. 1 500 m   D. 3 000 m

4. 国际海事组织(IMO)建议，适用于远洋船舶的测深仪最大测量深度为_____。
   A. 100 m   B. 200 m
   C. 400 m   D. 800 m

5. 与回声测深仪的测量深度无关的因素是_____。
   A. 发射脉冲重复周期   B. 换能器效率

C. 发射触发方式　　　　　　　　D. 发射功率

6. 关于船用测深仪换能器的说法,错误的是_____。
   A. 换能器是实现电能与声能相互转换的器件
   B. 换能器在船底的安装位置应使其周围杂声干扰最小
   C. 换能器的安装位置可以放在靠近船首处
   D. 换能器的安装位置应远离机舱、螺旋桨

7. 回声测深仪的最小测量深度主要取决于_____。
   A. 脉冲周期　　　　　　　　　　B. 发射频率
   C. 声波传播速度　　　　　　　　D. 发射脉冲宽度

8. 有关回声测深仪的说法,下列错误的是_____。
   A. 回声测深仪的设计声速是取标准声速 1 500 m/s
   B. 回声测深仪的声速误差是可以避免的
   C. 实际声速随着海水温度、含盐量和静压力的变化而变化
   D. 船舶从海洋驶入内河航行时,因含盐量变化引起实际声速小于标准声速而导致显示水深大于实际水深

9. 关于水声换能器,下列叙述不正确的是_____。
   A. 换能器用于实现电能与声能的相互转换
   B. 换能器一般装于船底龙骨距离船尾 1/2~1/3 处
   C. 换能器可以收发兼用
   D. 将声能转换为电能的换能器为接收换能器

10. 在船用回声测深仪中,为了弥补声能的损耗,测深仪的接收系统采用了_____电路,此值的大小随着传播时间的增加而_____。
    A. Time Gate;增加　　　　　　　B. Time Gate;减少
    C. 时变增益;增加　　　　　　　D. 时变增益;减少

11. 船用回声测深仪在设计制造时,以_____ m/s 作为标准声速,对水中声速影响最大的是_____。
    A. 330;温度　　　　　　　　　　B. 1 500;含盐量
    C. 330;含盐量　　　　　　　　　D. 1 500;温度

12. 测深仪换能器的工作面不能涂油漆,是因为油漆_____,会影响测深仪正常工作。
    A. 腐蚀换能器的测深工作面　　　B. 对换能器工作面起隔离作用
    C. 使换能器工作面及其周围形成气泡　　D. 对声能的吸收很大

13. 在航道水深不明时使用测深仪,正确选择量程的方法是_____,直至合适。
    A. 先选最大量程,再逐渐变小　　B. 先选最小量程,再逐渐变大
    C. 先选中挡量程,再远近交替　　D. 中挡以下量程任选

14. 测深仪采用时间门(Time Gate)跟踪技术,主要目的是_____。
    A. 去除杂波　　　　　　　　　　B. 提高回波强度
    C. 提高接收机增益　　　　　　　D. 消除声速误差

15. 测深仪接收系统采用时变增益(TVG)控制电路,主要目的是_____。

A. 弥补声能损耗,抑制浅水杂波　　　　B. 提高接收系统增益

C. 识别海底　　　　D. 消除声速误差

16. 下列_____传感器,向回声测深仪输入信号。
①GNSS;②ECDIS;③计程仪;④VDR;⑤陀螺罗经;⑥INS

A. ①②④　　　　B. ③④⑥

C. ①③⑤　　　　D. ②⑤⑥

第八节　航行数据记录仪

1. 船载航行数据记录仪保护容器的信标所用电池至少可以工作_____天。

A. 12　　　　B. 24

C. 30　　　　D. 60

2. 当船载航行数据记录仪的主电源和应急电源都失电时,专用备用电源应保证系统能连续记录驾驶室声音达_____。

A. 1　　　　B. 2

C. 3　　　　D. 4

3. 使用船载航行数据记录仪的存储按键可将最近_____记录的运行数据存储在可移动存储单元中。

A. 3　　　　B. 6

C. 12　　　　D. 24

4. 船载航行数据记录仪的电源应包括_____。

A. 主电源　　　　B. 主电源和应急电源

C. 主电源和备用电源　　　　D. 主电源、应急电源和专用备用电源

5. 如果 VDR 可获得雷达图像数据,不需要连接的传感器是_____。

A. 测深仪　　　　B. 计程仪

C. AIS　　　　D. GPS

6. VDR 的保护舱通常安装在_____龙骨正上方离开船舶建造结构 1.5 m 外的空旷处,以便维护和事故后的回收。

A. 罗经甲板　　　　B. 救生艇甲板

C. 起居甲板　　　　D. 主甲板

7. 船载航行数据记录仪(VDR)的数据处理器可以直接采集和处理来自串行接口并符合_____标准的数据。

A. ASCII　　　　B. 莫尔斯码

C. IEC 61162 或 NMEA 0183　　　　D. 以太网

8. 船载航行数据记录仪(VDR)收集的数据中,其中不属于运行数据的是_____。

A. 日期时间　　　　B. 雷达图像

C. 舵令操作　　　　D. IMO 代码

9. 在船载航行数据记录仪中,固定式数据保护舱的舱体上,有个金属拉环或手把的作用

是_____。
A. 检查承受压力 B. 在一定的水压下手动脱离船舶的开关
C. 方便水下回收 D. 在船体沉没时能够自动脱离船体上浮

10. 当发生危及船员生命的恶性事故准备弃船时,有关船载航行数据记录仪的备份操作,正确的做法是_____。
A. 按存储键 B. 按记录终止键
C. 先按存储键,再按记录终止键 D. 无须任何操作

11. 有关船载航行数据记录仪的配置数据,叙述错误的是_____。
A. 不能被其他未授权人改写
B. 改变该数据不会影响运行操作数据
C. 每个航次开航前,由船长通知二副写入
D. 配置数据包括形式认可、主管机关和参考标准

12. 有关船载航行数据记录仪,属于配置数据的是_____。
A. 软件版本号 B. 导航仪器数据
C. AIS 数据 D. 通信音频数据

13. 船载航行数据记录仪(VDR)根据所连接的传感器不同,接口标准可以是_____。
①RS-232;②RS-422;③IEC 61162;④NMEA
A. ①②③ B. ①④
C. ①②③④ D. ②③④

14. 船载航行数据记录仪(VDR)的数据处理器通过采集程序可以直接采集和处理来自接口_____的数据。
A. RS-232 或 RS-422 B. USB
C. IEEE 1284 D. IEEE 1394

参考答案

第一节 雷达

1. D	2. C	3. D	4. A	5. B	6. B	7. B	8. D	9. A	10. B
11. C	12. D	13. B	14. D	15. D	16. C	17. C	18. D	19. B	20. B
21. C	22. A	23. D	24. A	25. A	26. B	27. D	28. B	29. C	30. A
31. B	32. C	33. A	34. D	35. D	36. D	37. C	38. C	39. A	40. D
41. D	42. C	43. C	44. A	45. D	46. D	47. B	48. D	49. A	50. A
51. C	52. C	53. C	54. C	55. D	56. A	57. D	58. D	59. D	60. C
61. C	62. A	63. C	64. D	65. C	66. A	67. C	68. A	69. C	70. B
71. C	72. B	73. C	74. D	75. D	76. D	77. A	78. A	79. D	80. C
81. A	82. A	83. C	84. D	85. B	86. A	87. B	88. A	89. A	90. A

第五章 驾驶台航行设备的维护和修理

91. A	92. A	93. B	94. D	95. B	96. D	97. C	98. C	99. B	100. C
101. A	102. C	103. A	104. C	105. A	106. A	107. C	108. C	109. B	110. C
111. C	112. D	113. A	114. D	115. D	116. C	117. A	118. C	119. C	120. C
121. B	122. C	123. D	124. C	125. C	126. D	127. C	128. B	129. D	130. B
131. D	132. B	133. A	134. B	135. C	136. B	137. B	138. C	139. A	140. A
141. B	142. C	143. B	144. C	145. B	146. B	147. C	148. B	149. B	150. B
151. A	152. B	153. C	154. D	155. C	156. C	157. A	158. D	159. A	160. B
161. D	162. D	163. B	164. C	165. D	166. C	167. A	168. B	169. C	170. B
171. B	172. D	173. C	174. D	175. C	176. B	177. A	178. C	179. B	180. D
181. C	182. A	183. A	184. B	185. D	186. C	187. B	188. C	189. D	190. B
191. C	192. B	193. B	194. C	195. C	196. B	197. A	198. C	199. A	200. C
201. C	202. C	203. D	204. D	205. A	206. A	207. B	208. C	209. C	210. D
211. D	212. A	213. A	214. A	215. C	216. D	217. A	218. D	219. A	220. D
221. A	222. A	223. A	224. C	225. D	226. D	227. A			

第二节 全球导航卫星系统

1. C	2. A	3. A	4. C	5. C	6. C	7. C	8. C	9. B	10. C
11. A	12. A	13. D	14. B	15. B	16. D	17. B	18. D	19. D	20. D
21. B	22. B	23. D	24. B	25. D	26. C	27. B	28. C		

第三节 AIS 系统及接口知识

1. D	2. C	3. A	4. C	5. C	6. C	7. B	8. D	9. A	10. C
11. B	12. C	13. A	14. B	15. C	16. B	17. B	18. B	19. A	20. D
21. B	22. A	23. B	24. A	25. B	26. B				

第四节 惯性导航系统

| 1. B | 2. B | 3. A |

第五节 船舶罗经设备

1. B	2. C	3. C	4. C	5. D	6. B	7. C	8. B	9. C	10. A
11. B	12. A	13. A	14. B	15. A	16. D	17. B	18. A	19. D	20. C
21. D	22. D	23. D	24. C	25. C	26. A	27. C	28. C	29. C	30. B
31. A	32. B	33. C	34. D	35. C	36. D	37. A	38. C	39. A	40. B
41. A	42. D	43. A	44. B	45. A	46. C	47. A	48. D	49. C	50. D

51. B	52. A	53. A	54. C	55. D	56. D	57. B	58. B	59. C	60. C
61. D	62. C	63. B	64. C	65. D	66. B	67. D	68. A	69. B	70. D
71. B	72. C	73. C	74. D	75. C	76. B	77. D	78. B	79. D	80. C
81. B	82. B	83. A	84. C	85. A	86. B	87. D	88. C	89. A	90. B
91. B	92. B	93. C	94. A	95. D	96. C	97. D	98. B	99. C	100. B
101. B	102. C	103. D	104. B						

第六节　船用计程仪

1. B	2. B	3. B	4. A	5. A	6. C	7. D	8. B	9. A	10. D
11. C	12. C	13. C	14. A	15. D	16. B	17. D	18. C	19. C	20. D
21. C	22. C	23. C	24. C	25. B	26. D	27. A	28. A	29. A	

第七节　测深系统

1. C	2. D	3. C	4. C	5. C	6. C	7. D	8. B	9. B	10. C
11. D	12. D	13. A	14. A	15. A	16. C				

第八节　航行数据记录仪

1. C	2. B	3. C	4. D	5. C	6. A	7. C	8. D	9. C	10. D
11. C	12. A	13. C	14. A						

第六章
船舶通信系统的维护和修理

第一节　电磁波

1. VSAT 一般工作在_____波段。
   A. X   B. L
   C. Ku   D. C

2. 降雨对工作在不同波段卫星通信的影响是_____。
   A. 对 Ku 波段的影响大,C 波段的影响小
   B. 对 Ku 波段的影响小,C 波段的影响大
   C. 对 Ku 波段的卫星通信没有影响
   D. 对 Ku 波段和 C 波段卫星通信影响基本相同

3. 在 GPS 系统中,卫星传送两种频率的载波,这两个载波属于_____波段。
   A. L 和 C   B. Ku 和 C
   C. 同一波段 L   D. 同一波段 C

4. 空间波是指无线电波在空间_____,其传播的最远距离称为_____。
   A. 直线传播;视距   B. 直线传播;波长
   C. 绕射传播;视距   D. 绕射传播;波长

5. 在船舶通信中,可以沿地球表面以绕射形式传播,但是一般不能向较远的距离传播的电波是_____。
   A. 超短波和微波   B. 超短波和超长波
   C. 长波和极长波   D. 超短波和中短波

6. VHF 波段范围是 30~300 MHz。其中分配给海上移动业务的波段是_____。
   A. 156~174 MHz   B. 152~176 MHz
   C. 156.525 MHz   D. 156.800 MHz

7. 在航海应用中,雷达主要工作在超高频上,包括 X 波段雷达,频率和波长分别是_____和_____,以及 S 波段雷达,频率和波长分别是_____和_____。
   A. 9 200~9 500 MHz;3 cm;2 900~3 100 MHz;10 cm
   B. 9 200~9 300 MHz;3 cm;2 900~3 000 MHz;10 cm
   C. 9 200~9 500 MHz;10 cm;2 900~3 100 MHz;3 cm

D. 2 900~3 100 MHz;10 cm;9 200~9 500 MHz;3 cm
8. 在航海实践中,容易受到雷击现象影响的是_____。
   A. S 波段   B. X 波段
   C. VHF 波段   D. HF 波段
9. 卫星通信系统工作于微波波段,如 Inmarsat-C 船舶地球站的发射和接收频率分别是_____ 和_____。
   A. 1.5 GHz;1.6 GHz   B. 1.6 GHz;1.5 GHz
   C. 2 GHz;4 GHz   D. 1.5 GHz;6 GHz
10. 有关无线电波的传播速度,以下描述正确的是_____。
    A. 在任何环境下的传播速度都大约是 300 000 m/s
    B. 只有在水下环境下的传播速度才大约是 300 000 km/s
    C. 只有在真空环境下的传播速度才大约是 300 000 km/s
    D. 在任何环境下的传播速度都大约是 300 000 km/s
11. 有关无线电波的传播速度,以下描述正确的是_____。
    A. 在实际工作中,无线电波的传播速度与频率正相关
    B. 在实际工作中,可以认为无线电波的传播速度是恒定的
    C. 在实际工作中,无线电波的传播速度与频率负相关
    D. 在实际工作中,无线电波的传播速度与发射机性能相关
12. 以下有关调制解调概念描述正确的是_____。
    A. 调制信号的频率须低于载波频率
    B. 调制信号频率越低越好,而载波频率越高越好
    C. 调制信号的频率与载波频率没有关系
    D. 调制信号的频率须高于载波频率
13. 以下有关调制解调概念描述错误的是_____。
    A. 如果载波的相位随着调制信号发生改变,就是调相
    B. 如果载波的幅值随着调制信号发生改变,就是调幅
    C. 如果载波频率随着调制信号发生改变,就是调频
    D. MF/HF 组合电台 SSB 通信属于调幅通信
14. 在船舶电磁波传播系统中,使信息载体的某些特性随信息变化的过程,称为_____。
    A. 解调   B. 载波
    C. 调制   D. 分频
15. 在现代通信系统中,为了提高信道的利用率,系统通常采用了_____技术。
    A. 单路复用   B. 单路单用
    C. 多路复用   D. 多路单用
16. 在 Inmarsat-FB 船站系统中,船站可以为海上用户_____kbit/s 的宽带数据服务。
    A. 分时提供电话和最高速率可达 234   B. 分时提供电话和最高速率可达 432
    C. 同时提供电话和最高速率可达 234   D. 同时提供电话和最高速率可达 432
17. 在 Inmarsat-FB 船站系统中,_____不是其具体的应用。

A. 实时电子海图信息更新 B. 实时气象信息更新
C. 电子邮件 D. 单工通信

18. 在 Inmarsat-FB 船站系统中,_____不是其具体的应用。
    A. 网络邮件 B. 实时气象信息更新
    C. 双向短信 D. 单通道通信

19. 在 Inmarsat-FB 船站系统中,_____不是其具体的应用。
    A. 语音信箱 B. 电话
    C. 传真通信 D. 保安报警

20. 在 Inmarsat-FB 船站系统中,_____不是其具体的应用。
    A. 大文件传输 B. 视频会议
    C. 远程访问公司内联网 D. 技术编码

21. 在 Inmarsat-FB 船站系统中,FB 系统默认的电话业务是_____。
    A. 1 kbit/s B. 2 kbit/s
    C. 3 kbit/s D. 4 kbit/s

22. 在 Inmarsat-FB 船站系统中,运用文本短信业务,用户_____。
    A. 只能在船上通过电脑与陆上手机用户实现短信收发
    B. 只能在各个 FB 终端之间发送和接收文本短信息
    C. 只能在船上通过电脑与陆上电脑实现短信收发
    D. 既可以在船上通过电脑与陆上手机用户实现短信收发,也可以在各个 FB 终端之间发送和接收文本短信息

23. 在 Inmarsat-FB 船站系统中,流媒体 IP 数据通信业务提供_____业务。
    A. 固定速率 8 kbit/s B. 固定速率 16 kbit/s
    C. 固定速率 32 kbit/s D. 可选速率

24. 在 Inmarsat-FB 船站系统中,其移动终端设备,可以通过使用支持_____的紧急优先级别语音,进行_____的呼叫业务。
    A. 岸对船;长接入代码(Long Access Code,LAC)
    B. 岸对船;长接入代码(Long Access Code,LAC)
    C. 船对岸;短接入代码(Short Access Code,SAC)
    D. 船对岸;短接入代码(Short Access Code,SAC)

25. 在船舶通信系统中,_____通信系统是现在唯一真正覆盖全球的移动语音和数据卫星通信网络。
    A. 铱星卫星 B. 钛星卫星
    C. F 站卫星 D. C 站卫星

26. 在船舶通信系统中,铱星网络是一个基于卫星的全球_____卫星通信系统,支持_____范围内的无线通信。
    A. 个人移动;全球 B. 个人移动;各国
    C. 国家移动;全球 D. 国家移动;各国

27. 在船舶通信系统中,_____是铱星的主要组成。

A. 近地轨道（Low Earth Orbit, LEO）的 66 颗卫星
B. 近地轨道（Low Earth Orbit, LEO）的 67 颗卫星
C. 近地轨道（Low Earth Orbit, LEO）的 68 颗卫星
D. 近地轨道（Low Earth Orbit, LEO）的 69 颗卫星

28. 在船舶通信系统中，_____是铱星的主要组成。
    A. 5 个卫星监控站（Teleport）　　　B. 6 个卫星监控站（Teleport）
    C. 7 个卫星监控站（Teleport）　　　D. 8 个卫星监控站（Teleport）

29. 在船舶通信系统中，铱星的运行轨道有_____个。
    A. 5　　　　　　　　　　　　　　B. 6
    C. 7　　　　　　　　　　　　　　D. 8

30. 在船舶通信系统中，铱星的运行轨道高度是_____km。
    A. 780　　　　　　　　　　　　　B. 785
    C. 790　　　　　　　　　　　　　D. 795

31. 在船舶通信系统中，铱星运行轨道的倾角为_____。
    A. 86.4　　　　　　　　　　　　　B. 84.6
    C. 85.6　　　　　　　　　　　　　D. 86.5

32. 在船舶通信系统中，铱星运行的轨道周期为_____min。
    A. 100　　　　　　　　　　　　　B. 110
    C. 120　　　　　　　　　　　　　D. 130

33. 在船舶通信系统中，铱星维护保养叙述不正确的是_____。
    A. 工作时只要高度要求，接触设备的安全距离不必考虑
    B. 船员在设备工作时尽可能不要近距离接触甲板上单元
    C. 设备安装时甲板上单元一定尽可能远离辐射功率较强的通导设备
    D. 初次安装甲板上单元时，注意尽可能远离船舶主机烟囱

34. 在船舶通信系统中，铱星维护保养叙述不正确的是_____。
    A. 使用诸如气动工具等清理天线罩
    B. 天线罩表面不要自作主张涂油漆
    C. 防盐、防水、防止机械损伤
    D. 一般要求以不超过 12 个月的周期对设备进行详细检查

35. 有关天波的反射与衰减，叙述错误的是_____。
    A. 不是所有波段的电波均能通过电离层的反射传播
    B. 当电波进入电离层后，都会引起电波衰减
    C. 无线电波频率越低，电离层的吸收作用越弱
    D. 中波在夜间也可以以天波形式传播

36. 中波白天传播距离较近，而晚间传播距离较远，其主要原因是_____。
    A. 电离层 F1 层影响
    B. 电离层 F2 层影响
    C. 白天靠地波传播，而晚上靠天波和地波传播

D. 晚上 D 层电离度高

37. 声音信号最高频率一般为 3 000 Hz,最低频率一般为 300 Hz,采用单边带调制,则单边带信号的带宽为_____ Hz。
    A. 2 700   B. 3 000
    C. 6 000   D. 5 400

38. 在模拟通信系统中,_____又常称为"角度调制"。
    A. 调幅   B. 单边带调制
    C. 调频和调相   D. 双边带调制

39. 在 Inmarsat 系统中,采用的调制方式是_____。
    A. 相移键控   B. 单边带调制
    C. 幅移键控   D. 双边带调制

40. 可以使用包络检波器进行解调的信号是_____。
    A. 单边带信号   B. 双边带全载波调幅信号
    C. 调频信号   D. 调相信号

41. 发射类型 J3E 的含义是_____。
    A. 全载波单边带无线电话   B. 减幅载波单边带无线电话
    C. 全抑制载波单边带无线电话   D. 调相信号

42. 用 ΔF 调制船用单边带发射机的载波 f_c 时,发射 A3E 的输出成分是_____。
    A. $f_c+\Delta F$ B. $f_c-\Delta F$
    C. $f_c\pm\Delta F$、f_c D. $f_c+\Delta F$、f_c

43. 在常用的调幅波、单边带调制、调频波中,带宽由大到小排列的顺序是_____。
    A. 调幅>单边带>调频   B. 调频>单边带>调幅
    C. 调幅>调频>单边带   D. 调频>调幅>单边带

44. 维修 SSB 发射机时,若要检查 J3E、R3E、H3E、F1B/J2B 等信号的产生情况,首先需要从_____入手。
    A. 激励器   B. 高频功率放大器
    C. 自动天线调谐器   D. 控制部分

第二节 GMDSS 概述

1. 在 GMDSS 组成中,下列哪个不能用于常规通信的目的?_____。
    A. NBDP 和 DSC   B. Inmarsat-C 站
    C. 406 MHz EPIRB   D. VHF 无线电话

2. 以下哪个设备(系统)不能用来完成常规通信?_____。
    A. 国际移动卫星通信系统   B. 地面通信系统
    C. EPIRB   D. SSB

3. 驾驶台与驾驶台之间的通信一般通过驾驶台的_____设备实现。
    A. VHF 无线电话   B. VHF-DSC

C. MF/HF SSB   D. Two-way VHF 无线电话

4. GMDSS 系统不仅提供遇险事件的搜寻与救助,而且同时提供_____。
①紧急通信;②安全通信;③MSI 播发与接收;④船员通信
A. ②③④   B. ①③④
C. ①②③   D. ②④

5. 搜救协调通信是指在遇险报警后,_____之间的通信。
A. 搜救协调中心(RCC)与遇险船舶及参加搜救的船舶、飞机和陆上的其他搜救机构
B. 遇险船舶或救生艇筏与救助船舶或飞机
C. 参加搜救的船舶、飞机与陆上除 RCC 之外的其他搜救机构
D. 遇险船船长和船员

6. 在 GMDSS 的组成中,_____是能够提供多种通信服务,英文缩写为 Inmarsat,并承担了目前海上绝大部分通信业务的系统。
A. 卫星通信系统   B. 地面通信系统
C. 定位和寻位系统   D. 海上安全信息播发系统

7. 在船舶 GMDSS 的遇险报警中,通常情况下,遇险报警的内容包括遇险船舶的_____。
A. 形状   B. 周围岛屿的情况
C. 船位   D. 长度

8. 有关 GMDSS 的叙述,错误的是_____。
A. 以海上为中心
B. 以岸基为中心
C. 系统能够在遇险事件发生时,进行报警
D. 系统提供遇险事件发生后的搜救和协调信息

9. 对于 A2 海区船舶,有关 GMDSS 配备描述错误的是_____。
A. 必须配备具有 DSC 功能的中频无线电话设备
B. 必须配备具有 DSC 功能的 VHF 无线电话设备
C. 必须配备 VHF 无线电话设备
D. 必须配备增强群呼设备和打印机

10. 对于航行于 A1、A2、A3 海区船舶,有关 GMDSS 设备配备描述不正确的是_____。
A. 需要两台搜救雷达应答器
B. 可以配备卫星移动地球站
C. 必须配备能够工作在 2 189.5 kHz 频率上的 MF 值班接收机
D. 必须配备 406 MHz EPIRB

11. 对于航行于 A1、A2、A3、A4 海区的船舶,有关 GMDSS 配备描述错误的是_____。
A. 必须配备两台搜救雷达应答器   B. 必须配备中频/高频 DSC 扫描值班接收机
C. 必须配备卫星移动地球站   D. 必须配备 406 MHz EPIRB

12. 在 GMDSS 中,所有海区船舶均需要配备的设备是_____。
A. 在 70 频道上具有 DSC 功能的 VHF   B. 增强群呼设备和打印机
C. 卫星 EPIRB   D. 带有 DSC 的中频无线电话设备

13. A1+A2+A3 海区航行船舶采用双套设备来确保设备的可用性,需配备的附加设备是_____。
    A. 一套 VHF 设备
    B. 一套 MF/HF 设备
    C. 一套 MF/HF 设备或一套 Inmarsat 船站
    D. 一套 VHF 设备和一套 MF/HF 设备

14. 下列通信设备,在 A4 海区航行的船舶可不配备的是_____。
    A. MF/HF SSB 无线电话   B. VHF 设备
    C. MF/HF NBDP 和 DSC 设备   D. Inmarsat 船站

15. A4 海区的双套设备是指_____。
    A. 两套所有设备
    B. 增加一套带 DSC 的 VHF
    C. 增加一套带 DSC 的 VHF 及一套 MF/HF 装置或卫星船站
    D. 增加一套带 DSC 的 VHF 及一套 MF/HF 装置

16. 船舶必须配备的 GMDSS 设备是_____。
    ①VHF 无线电话;②SART;③VHF 双向无线电话;④NAVTEX 接收机;⑤406 MHz EPIRB;⑥VHF对讲机
    A. ①②③④⑤   B. ①②③④⑤⑥
    C. ①②③④⑥   D. ①②③⑤

17. 船舶通信设备是_____配备的。
    A. 按照通信需要   B. 根据船舶航行的海区
    C. 根据船舶的种类   D. 根据船舶的大小

18. 在 GMDSS 的海区通信设备的配备要求中,必须配备带有 DSC 的中频无线电电话设备的航行海区是_____。
    A. A1、A2、A3   B. A2、A3、A4
    C. A1、A3、A4   D. A1、A2、A4

19. 在 GMDSS 的海区通信设备的配备要求中,必须配备带有窄带直接印字报(NBDP)的航行海区是_____。
    A. A1、A2   B. A3、A4
    C. A1、A3   D. A1、A4

20. 在 GMDSS 的海区通信设备的配备要求中,有关设备配备原则,错误的叙述是_____。
    A. 设备操作简单、方便可靠,并可实现无人值守
    B. 每条船舶配备至少一套能完成遇险报警功能的设备
    C. 救生用无线电设备的配备以现场通信为出发点,并配备寻位设备,以便确定救生艇的位置并予以救助
    D. 可以配备由一种以上的无线电设备组合而成的无线电装置

21. 在 GMDSS 的海区通信设备的配备要求中,其基本配备是_____台甚高频无线电话设备。
    A. 1   B. 2

C. 3   D. 4

22. 在 GMDSS 中,为保证海上航行时船舶通信设备的可用性,SOLAS 公约提供了多种可选择方案,其中不包括_____。
    A. 双套设备   B. 岸上维修
    C. 海上维修   D. 双操作员

23. 在航行在 A1 和 A2 海区的船舶上,_____方案采用得较多。
    A. 海上维修   B. 岸上维修
    C. 双套设备   D. 至少两种组合

24. 以下哪个方案对于船舶无线电人员持证水平要求较高?_____。
    A. 海上维修   B. 岸上维修
    C. 双套设备   D. 几种方案对于持证人员具有相同要求

25. 岸上维修是指_____。
    A. 船舶靠泊后,由主管机关认可的陆上维修部门对故障的通信设备进行维修与检测并提供必要的技术支持
    B. 船舶靠泊后,在主管机关监管下,把故障设备拆至岸上进行维护、保养
    C. 船舶靠泊后,由船舶公司认可的陆上维修部门对故障的通信设备进行维修与检测并提供必要的技术支持
    D. 完全由岸上实施的维护、保养,与船舶无关

26. 根据《1974 年 SOLAS 公约》2022 年修正案的描述,以下哪一项不属于 SOLAS 船舶的 GMDSS 功能?
    A. 发送船对岸的遇险报警   B. 收发紧急和安全通信
    C. 一般无线电通信   D. 收发现场通信

27. 《1974 年 SOLAS 公约》2022 年修正案,对于 SOLAS 船舶提出两项通信功能的要求,它们分别是_____。
    A. 发送船对岸的遇险报警和收发一般无线电通信功能
    B. 收发紧急、安全通信和现场通信功能
    C. 收发遇险报警和现场通信功能
    D. 收发一般无线电通信功能和 GMDSS 功能

28. 与 1988 年修正案相比较,《1974 年 SOLAS 公约》2022 年修正案中有关 GMDSS 海上安全信息功能要求发生了什么变化?_____。
    A. 由"收发海上安全信息"变为"接收海上安全信息"
    B. 没有发生变化
    C. 由"接收海上安全信息"变为"收发海上安全信息"
    D. 删除了有关海上安全信息的功能要求

29. 《1974 年 SOLAS 公约》2022 年修正案,对于船对岸遇险报警描述正确的是_____。
    A. 由至少两台分开的装置发送船对岸遇险警报,且每台装置应使用不同的无线电通信业务
    B. 由至少两台分开的和独立的装置发送船对岸遇险警报,且每台装置应使用不同的无线电通信业务

C. 由至少两台独立的装置发送船对岸遇险警报,且每台装置应使用不同的无线电通信业务

D. 由至少两台分开的和独立的装置发送船对岸遇险警报,且每台装置可以使用相同或者不同的无线电通信业务

30. 《1974 年 SOLAS 公约》要求船舶具有发送和接收驾驶室对驾驶室的通信功能的主要目的是_____。

A. 协调海上货物管理,提高船舶营运效率

B. 协调现场通信,提升海难事故搜救效率

C. 协调海上船舶操纵避让行动,促进航行安全

D. 接收岸基协调指令,在受限水域提升通航效率

31. 在《1974 年 SOLAS 公约》中,船舶配备 GMDSS 设备的主要标准是_____。

A. 船舶营运的海区(Sea Areas)

B. 船舶营运的航区(Operating Areas)

C. 船舶的最大长度(LOA)

D. 船舶的吨位(DWT)

32. 以下有关《1974 年 SOLAS 公约》2022 年修正案中 A3 海区概念理解准确的是_____。

A. 对于所有船舶而言,A3 海区不可能包括极地地区

B. A3 海区是指除 A1、A2 海区外,具有连续有效报警能力的 Inmarsat 地球静止轨道卫星所覆盖的区域,覆盖范围为地球 76°N~76°S

C. A3 海区是指除 A1、A2 海区外,具有连续有效报警能力的 Inmarsat 地球静止轨道卫星所覆盖的区域,覆盖范围为地球 76°N~76°S

D. A3 海区是除 A1、A2 海区外,船舶地球站提供的经认可的移动卫星业务所覆盖的区域,在该区域内具有连续有效报警能力

33. GMDSS 配备双套设备的要求是_____。

A. 根据船舶所航行的航区增配相应的设备,以达到双配套设备的要求

B. 船舶所有无线电设备达到双配备

C. 双配备的具体方法由船舶所有人决定

D. 双配备的具体方法由船厂决定,价格越高配备越完整

34. 在 A3 海区航行的船舶,不可以通过增配_____,达到对 MF/HF 无线电设备双配备的要求。

A. MF/HF 无线电设备 1 台(包括单边带无线电话、DSC 终端、NBDP 终端)

B. Inmarsat-C 船站 1 台,具有 EGC 接收功能

C. Inmarsat-F 船站 1 台,另配备 EGC 接收机

D. Inmarsat-FBB 船站 1 台,另配备 EGC 接收机

35. 只配有通用操作员的船舶,在 A1 或 A2 海区航行,为确保 GMDSS 设备可用性方案是_____。

A. 海上维修、岸上维修、双套设备中任选一种

B. 海上维修、双套设备中任选一种

C. 岸上维修、双套设备中任选一种

D. 海上维修、岸上维修、双套设备中任选两种

36. 有关 GMDSS 通信设备的维修要求，下列说法错误的是_____。
   A. 航行于 A1 或 A2 海区的船舶，海上维修、岸上维修、双套设备中任选一种
   B. 航行于 A3 或 A4 海区的船舶，海上维修、岸上维修、双套设备中任选两种
   C. 配有电子电气员的船舶，选择海上维修即可
   D. 只配有通用操作员的船舶，只能选择岸上维修和/或双套设备

37. 航行在 A3、A4 海区的船舶，为保证 GMDSS 设备的可用性维修要求，可以选择_____的方案。
   ①双套设备；②岸上维修；③双套设备及海上维修；④海上维修及岸上维修；⑤双套设备及岸上维修
   A. ①② B. ①②④
   C. ③④⑤ D. ①②③④⑤

38. 船舶具有通信设备维修能力的人员有_____。
   ①GMDSS 通用操作员；②电子电气员；③一级无线电电子员；④二级无线电电子员
   A. ①②③④ B. ①③④
   C. ②③④ D. ①②③

39. 在 GMDSS 的通信设备维修要求中，航行在 A1、A2 海区的船舶，_____不是可选择的方案。
   A. 双套设备 B. 岸上维修
   C. 单套设备 D. 海上电子维修

40. 在 GMDSS 的通信设备维修要求中，航行在 A3、A4 海区的船舶，_____是可以使用的两个方案。
   A. 双套设备、单套设备 B. 岸上维修、单套设备
   C. 单套设备、海上电子维修 D. 岸上维修、海上电子维修

41. 双套设备、岸上维修和海上维修是 GMDSS 船舶通信设备的三种可用性保障方案，航行在 A3 和 A4 海区的船舶，经主管机关的认可，应至少选择三种方案中的_____来保证 GMDSS 设备的可用性。
   A. 一种 B. 两种
   C. 三种 D. 根据船舶吨位确定

42. 在 GMDSS 的通信设备维修要求中，_____是指船舶靠岸后，由主管机关认可的陆上维修部门对故障的通信设备维修与检测并提供必要的技术支持。
   A. 船上维修 B. 岸上维修
   C. 海上维修 D. 海上电子维修

第三节　Inmarsat 通信系统

1. 在 Inmarsat 系统中岸站的作用是_____。
   A. 直接对卫星进行控制和管理 B. 提供与国际国内用户连接的接口
   C. 负责对 Inmarsat 通信网的营运和管理 D. 负责对本洋区通信网的控制和管理

2. Inmarsat 通信系统主要以_____为通信对象。
   A. 航空器电台　　　　　　　　　　B. 海岸电台
   C. 网络协调中心（NCS）　　　　　　D. 移动地球站（MES）
3. Inmarsat 通信系统的主要优点是_____。
   A. 通信费用低　　　　　　　　　　B. 可实现全球通信
   C. 可实现全天候通信　　　　　　　D. 无回声干扰和信号延迟
4. F/M4 移动站是 Inmarsat 推出的最新系统，其中_____船站在海上被广泛使用。
   A. Fleet 77　　　　　　　　　　　B. Fleet 55
   C. Fleet 33　　　　　　　　　　　D. M4
5. 为了保障遇险信息的优先权，Inmarsat 海事卫星通信业务设计正确的是_____。
   A. 紧急通信可以中断遇险通信　　　B. 常规通信可以中断紧急通信
   C. 常规通信可以中断遇险通信　　　D. 紧急通信可以中断安全通信
6. 根据边带滤波器的幅频传输特性，在 SSB 信号要求中，叙述正确的是_____。
   A. 通带内有用信号损耗大　　　　　B. 阻带衰减大
   C. 过度带平坦　　　　　　　　　　D. 过度带能够有效抑制载漏
7. C 移动站与 LES 之间信令信道功能不包括_____。
   A. 入网申请　　　　　　　　　　　B. 发送数据报告
   C. 发射遇险报警信号　　　　　　　D. 申请分配信道指令
8. 标准 C 船站不能完成_____任务。
   A. 接收海上安全信息　　　　　　　B. 进行遇险报警
   C. 进行电传通信　　　　　　　　　D. 进行电话通信
9. Inmarsat-C 船站性能测试包括_____。
   ①接收报文试验；②发射报文试验；③遇险报警试验
   A. ①②　　　　　　　　　　　　　B. ①③
   C. ②③　　　　　　　　　　　　　D. ①②③
10. Inmarsat-C 是通过_____方式提供通信的。
    A. 实时　　　　　　　　　　　　　B. 实时转发
    C. 人工连接　　　　　　　　　　　D. 存储转发
11. 下图是 Inmarsat-C 船站的组成框图，左上边空白处应该是_____。

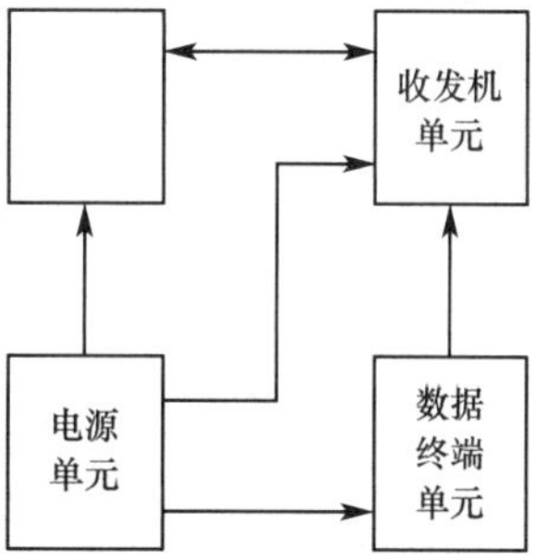

    A. 打印机　　　　　　　　　　　　B. 键盘

C. 显示器 D. 天线射频单元

12. 下图是 Inmarsat-C 船站的框图,右下边空白处应该是_____。

A. 打印机 B. 键盘
C. 显示器 D. 数据终端

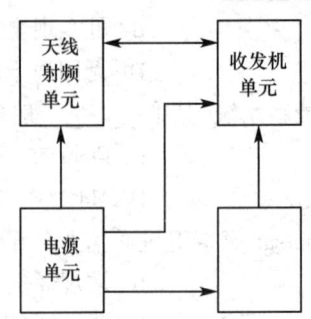

13. 在 Inmarsat-C 船站中,_____的作用是负责将天线单元接收到的信息和需要发射的信息进行处理,然后予以输出。

A. 收发机单元 B. 数据终端单元
C. 天线单元 D. 附属单元

14. 如果发现 Inmarsat-C 船站的卫星信号接收强度一直偏低,或者没有信号,应该首先_____。

A. 检查天线电缆的接头处有无漏水或氧化现象
B. 打开天线罩子,检查电路板
C. 考虑更换天线电源
D. 检查数据终端单元和收发机单元的连接状态

15. 检查 Inmarsat-C 船站收发单元的工作状态时,一般根据说明书操作,判断收发单元的_____是否在正常的范围之内。

A. 接收或发送电流 B. 全向有效辐射功率
C. 峰包功率 D. 信噪比

16. C 站在常开值守过程中,洋区卫星信号完全消失,不能同步,不能入网,可以采取的最快捷的方式是_____。

A. 启动船站的 SCAN 功能 B. 关闭电源再重新启动
C. 更换天线在罗经甲板的位置 D. 检查天线相关电缆的接口状况

17. C 站死机时,较为常用的处理方法是_____。

A. 关机释放内存后重启,或将终端单元系统重装
B. 启用船站的 SCAN 功能
C. 手动设定天线仰角、方位角后再启动
D. 直接取出软盘再插入终端

18. C 站在使用过程中,终端单元显示"没有连接到收发单元",终端不能正常通信,较为常用的处理方法是_____。

A. 检查数据线接头是否松动,收发单元及显示单元关机重启
B. 直接送厂维修

C. 检查天线电缆接头

D. 检查电源电压是否正常

19. 对于 Inmarsat-C 标准船站来讲,收发单元的主要作用是_____。

 A. 负责将天线单元接收到的信息和需要发射的信息进行处理,然后予以输出

 B. 对船电变压并整流送到船站

 C. 是一台装有专用软件的标准个人计算机(PC),驱动控制船站工作

 D. 负责接收和发射卫星信号

20. Inmarsat-C 标准船站一般包括_____。

 ①电源单元;②天线单元;③收发机单元;④数据终端;⑤附属设备和任选单元

 A. ①②③④⑤　　　　　　　　B. ①②③⑤

 C. ①②③④　　　　　　　　　D. ①②④⑤

21. 在 Inmarsat-C 船站的组成中,_____是负责将船舶主电源转化为 Inmarsat-C 船站内部各电路所需要的电源。

 A. 电源单元　　　　　　　　　B. 收发机单元

 C. 附属设备　　　　　　　　　D. 任选单元

22. 在 Inmarsat-C 船站的组成中,船舶 EGC 接收机所属的单元是_____。

 A. 电源单元　　　　　　　　　B. 收发机单元

 C. 附属设备　　　　　　　　　D. 任选单元

23. 船舶保安报警系统中的报警按钮至少有_____个。

 A. 1　　　　　　　　　　　　B. 2

 C. 3　　　　　　　　　　　　D. 4

24. 船舶保安报警系统的报警性质是_____状况下发出的报警。

 A. 遇险　　　　　　　　　　　B. 搁浅

 C. 海盗　　　　　　　　　　　D. 下沉

25. 船舶保安报警设备启动后,下列说法正确的是_____。

 A. 在船上发出声光报警,提醒船员遇到海盗袭击

 B. 向预先设定好的用户发送报警

 C. 向周围船舶发送报警

 D. 既可以向预先设定的用户发送报警,也可以向临时设定的用户发送报警

26. 根据《SOLAS 公约》第 XI-2 章的相关要求,启动 SSAS 后,应该_____。

 A. 持续发送船舶保安警报信息,直到关闭或重新设置警报系统

 B. 持续发送船舶保安警报信息,直到保安部门收妥报警

 C. 持续发送船舶保安警报信息,并在驾驶台启动蜂鸣器报警

 D. 不应该持续发送船舶保安警报信息,否则会引起恐怖分子的注意

27. SSAS 具有"_____"和"_____"两种工作模式,其中_____用于检测和平时训练。

 A. 测试;运行;测试　　　　　　B. 测试;电传;测试

 C. 传真;运行;运行　　　　　　D. 测试;运行;运行

28. 以下涉及 SSAS 描述错误的是_____。

A. 双套电源供电,除主电源外,还应当提供第二套电源

B. 可以从驾驶台和一个其他位置(至少)启动报警

C. 系统一旦启动,则开始向主管当局指定的相关部门发送安全报警,报警信息包括公司名、船舶标识、船位以及船舶当前的安全状态(正受到威胁或已遭受攻击)

D. 尽可能向更多的地址发送报警,以此增加获救的几率,例如附近在航船只

29. SSAS 警报信息包括_____、_____、_____以及_____等。

A. 公司名;船舶标识;船位;船舶受到攻击

B. 公司名;船舶标识;船位;船舶乘员数量

C. 公司地址;船舶标识;船位;船舶受到攻击

D. 公司名;船舶总吨位;船位;船舶受到攻击

30. 船舶保安报警系统(SSAS)目前不可用下列哪个设备来实现?_____。

A. Inmarsat-C 站   B. Mini-C 站

C. Inmarsat-D⁺ 站   D. Inmarsat-F 站

31. _____不包括在船舶保安报警系统发送的报警信息内。

A. 船位   B. 船舶标志

C. 受到的威胁   D. 船长姓名

32. 船舶保安报警系统发送报警时,具有以下哪些特点?_____。

①向主管机关发送报警;②向其他船舶发送报警;③不向其他船舶发送报警;④报警启动后在船上显示(有声光);⑤报警启动后不在船上显示(无声光);⑥报警终端关闭前持续发送

A. ①②③⑤   B. ①③④⑥

C. ①③⑤⑥   D. ②④⑥

33. SSAS 的性能要求有_____。

①除主电源外,还应当提供第二套电源;②可以从驾驶台和一个其他位置(至少)启动报警,并设置成可防止误触发;③系统一旦启动,则开始向主管当局指定的相关部门发送安全报警;④不向任何其他船舶发送船舶保安报警,也不能由此启动船上的任何(其他)报警;⑤在关闭和/或复位本系统前,应持续发送船舶保安报警;⑥"测试"和"运行"两种工作模式,便于检测和平时训练

A. ①②③④⑤   B. ①②③④

C. ①②③④⑤⑥   D. ①②③⑤

34. 在船舶保安报警的性能的要求中,叙述错误的是_____。

A. 可以由船舶保安报警启动船上的其他报警

B. 除主电源外,还应提供第二套电源

C. 不向任何其他船舶发送船舶保安报警

D. 在关闭和/或复位本系统前,应持续发送船舶保安报警

35. 在船舶保安报警系统的适用范围中,叙述错误的是_____。

A. 所有客船

B. 所有从事国际航行的 500 总吨的货船

C. 所有从事国际航行的 500 总吨以上的货船

D. 所有从事国际航行的海上移动式钻井平台

36. SSAS 性能要求描述错误的是_____。
   A. 除主电源外,应当提供第二套电源
   B. 系统一旦启动,就开始向主管机关指定的相关部门发送报警
   C. 只能从驾驶台启动安全报警,并设置成可防止误触发
   D. 系统一旦启动,不向任何其他船舶发送船舶保安报警

37. 以下涉及船舶保安报警系统特点正确的是_____。
   ①系统会向主管机关发出警报;②系统会向其他船舶发送报警;③系统不会向其他船舶发送报警;④报警启动后在船上有显示(有声光);⑤报警启动后不在船上有显示(无声光);⑥报警终端关闭前会持续发送;⑦系统会向 RCC 发出警报
   A. ①③⑤⑥   B. ①②⑤⑥
   C. ②⑤⑥⑦   D. ①②④⑦

38. Inmarsat-F 终端信号很弱,可能的原因不包括_____。
   A. 低噪声放大器故障
   B. 天线罩上被水手喷涂了油漆
   C. 船站处于卫星覆盖的边缘
   D. 船站进入双星覆盖区域,无法自动判定需跟踪的信号

39. 在维护保养 Inmarsat-F 船站时,进行的工作包括_____。
   A. 校准设备的晶振,并且按时更换
   B. 打开设备天线罩,为机械部件涂润滑油
   C. 经常检查电源、电缆等连接头,必要时进行加固和防锈处理
   D. 定期更换天线控制单元

40. 当维护 Inmarsat-F 船站天线时,应该注意的是_____。
   ①定期检查天线底座;②天线罩上必须定期喷涂油漆防腐蚀;③船站工作时,通常距离天线 5 m 内不允许有人;④船站工作时,通常距离天线 15 m 内不允许有人;⑤进入天线罩检修时,应切断电源;⑥GMDSS 专用的备用电源应该能够向天线单元供电;⑦天线的伺服马达必须定期添加润滑油,一般周期为 1 年
   A. ①③⑤   B. ①②③⑤⑥⑦
   C. ①②④⑤⑥⑦   D. ③⑤⑥⑦

41. Inmarsat-F77 船站的外设终端不包括_____。
   A. 电话终端   B. 传真机
   C. 电传终端   D. 计算机

42. Inmarsat-F 系统移动站具有_____通信业务种类。
   A. 电传、传真、高速数据   B. 电传、高速数据
   C. 电传、低速数据   D. 电话、传真、64 kbit/s

43. 有关移动包交换业务描述不正确的是_____。
   A. 移动包交换业务是 F 系列船站独有的新功能
   B. 通过共享 64 kbit/s 信道实现 IP 数据包交换

C. MPDS 的最大特点是按数据流量计费，没有数据传输时不产生任何费用

D. 在实际工作中，船舶计算机都是 24 h 在线的，因为"永久在线"功能能够确保设备不会产生任何流量

44. Inmarsat-F77 船站的收发机属于_____。
   A. 甲板下设备　　　　　　　　　　B. 甲板上设备
   C. 易损耗设备　　　　　　　　　　D. 驾驶台设备

45. 在 Inmarsat-F77 船站的维护保养工作中，需要定期检查甲板上、下设备电缆的连接情况，特别是_____的连接处是否氧化。
   A. 电缆与甲板上设备　　　　　　　B. 电缆与甲板下设备
   C. 电源线与收发机　　　　　　　　D. 电缆与罗经设备

46. Inmarsat-F 系统的 ISDN 业务具有_____特点。
   A. 专用信道+按流量计费　　　　　B. 专用信道+按时计费
   C. 共享信道+按流量计费　　　　　D. 共享信道+按时计费

47. 可视电话终端通常连接至 Inmarsat-F 船站的_____端口。
   A. RJ-11　　　　　　　　　　　　　B. RJ-45
   C. RS-232　　　　　　　　　　　　D. USB

48. 下列属于 Inmarsat-F 系统的通信功能的是_____。
   ①电话(4.8 kbit/s)；②电传；③G4 传真(64 kbit/s)；④丽音电话(64 kbit/s)；⑤高速数据(64/56 kbit/s)；⑥G3 传真(9.6 kbit/s)
   A. ①②③④　　　　　　　　　　　B. ①③④⑤⑥
   C. ③④⑤⑥　　　　　　　　　　　D. ①②③④⑤⑥

49. Inmarsat-F 船站在使用过程中，不能自动同步入网，其原因可能是_____。
   ①天线系统故障；②内置 GPS 故障；③主机设备与天线连线或接口松动；④罗经故障
   A. ①②③　　　　　　　　　　　　B. ②③④
   C. ①③④　　　　　　　　　　　　D. ①②④

50. 与铱星系统相比较，Inmarsat 系统的一个明显弱势是_____。
   A. 船舶地球站造假较高　　　　　　B. 不能与陆地公网业务相连接
   C. 信号延迟较大　　　　　　　　　D. 采取了"星际链接"技术

51. Inmarsat 系统由空间卫星、跟踪遥测和控制站、卫星控制中心、网络操作中心、网络协调站、海岸地球站，以及移动地球站等几部构成。其中_____是用户进入网络的端口。
   A. 网络协调站　　　　　　　　　　B. 移动地球站
   C. 网络操作中心　　　　　　　　　D. 海岸地球站

52. Inmarsat 系统由空间卫星、跟踪遥测和控制站、卫星控制中心、网络操作中心、网络协调站、海岸地球站，以及移动地球站等几部构成。其中_____是 Inmarsat 系统的核心，位于英国 Inmarsat 总部。
   A. 网络操作中心　　　　　　　　　B. 网络协调站
   C. 卫星控制中心　　　　　　　　　D. 海岸地球站

53. 从轨道方式看，Inmarsat 系统采用了_____卫星。

A. 低地球轨道 B. 中地球轨道
C. 地球倾斜轨道 D. 地球静止轨道

54. 从轨道方式看,Inmarsat 系统卫星具有_____等特点。
①覆盖面大;②卫星跟踪系统不复杂;③存在通信盲区;④传输损耗和时延相对较大;⑤卫星数量有限
A. ①②④ B. ②③⑤
C. ①②③④⑤ D. ①③④⑤

55. 根据《1974 年 SOLAS 公约》2022 年修正案的要求,对于以 Inmarsat 系统卫星通信系统作为履约手段的船舶而言,76°S~76°N 以外的地区应该属于_____海区。
A. A1 B. A2
C. A3 D. A4

56. 目前,在 Inmarsat 系统中为船舶提供 GMDSS 服务的卫星主要是_____卫星。
A. I-3 B. I-4
C. I-5 D. I-6

57. 船舶能否通过 Inmarsat-C 船舶地球站接收陆地网络发送的传真信息?
A. 不能
B. 能
C. 不一定,需要由通信时网络的信号强度决定
D. 不一定,需要由船舶的地球站的配置情况决定

58. Inmarsat-F77 船站用于衡量发射机发送功率的指标是_____。
A. 平均功率 B. 有效功率
C. EIRP D. 峰包功率

59. 在 Inmarsat-F 船站的主要技术指标中,可以使用的接口是_____。
A. 模拟电话及传真:B 型 B. USB;IEC 61162-1/-2
C. 计算机;RJ11 D. ISDN;RJ45

60. 在正常情况下,Inmarsat-F 船站的船位信号由_____提供。
A. 内置 GPS B. AIS
C. 人工 D. 电子海图

61. Inmarsat-F 船站的甲板上设备主要包括_____。
①方向性天线;②双工器;③低噪声放大器;④高频功率放大器;⑤天线控制单元;⑥电源;⑦通信单元
A. ①②③④⑤ B. ①②③④⑤⑦
C. ①②③④⑤⑥ D. ①③④⑤⑥⑦

62. Inmarsat-F 船站的甲板下设备主要包括_____。
①电源;②双工器;③接口单元;④电话手柄;⑤外围附属装置;⑥高频功率放大器;⑦通信单元
A. ①③④⑤⑦ B. ①③④⑤⑥⑦
C. ①②③④⑥⑦ D. ①②③④⑤⑥

63. 在 Inmarsat-F 船站的主要技术指标中，_____是可以使用的接口。
    A. 计算机（B 型）　　　　　　　　　B. USB（RS-232/RS-422）
    C. 导航（IEC 61162-1/-2）　　　　　D. 模拟电话及传真（RJ-45）

64. 在 GMDSS 中，除 Inmarsat 系统外，又被 IMO 认证可进行常规通信的卫星系统是_____。
    A. 铱星系统　　　　　　　　　　　　B. 全球星系统
    C. 欧星系统　　　　　　　　　　　　D. 轨道卫星系统

65. Inmarsat-C 船站采用的调制方式为_____。
    A. ABSK　　　　　　　　　　　　　　B. PBSK
    C. AFSK　　　　　　　　　　　　　　D. BPSK

66. 铱星终端包括甲板上和甲板下两部分，甲板上单元包括_____。
    ①天线；②射频单元；③电话终端；④天线控制单元；⑤GPS 天线
    A. ①②③⑤　　　　　　　　　　　　B. ②③④⑤
    C. ①②④⑤　　　　　　　　　　　　D. ①③④⑤

67. Inmarsat-C 船站采用_____天线。
    A. T 型　　　　　　　　　　　　　　B. 倒 L 型
    C. 抛物面　　　　　　　　　　　　　D. 全向

第四节　MF/HF 组合电台

1. 单边带接收机中，克服衰落现象的电路是_____。
    A. 输入保护电路　　　　　　　　　　B. AGC 电路
    C. 限幅器　　　　　　　　　　　　　D. 静噪电路

2. 下图是多音频调幅波频谱图。图中右侧梯形区域（$f_c+F_{min}-f_c+F_{max}$）表示的是_____信号。

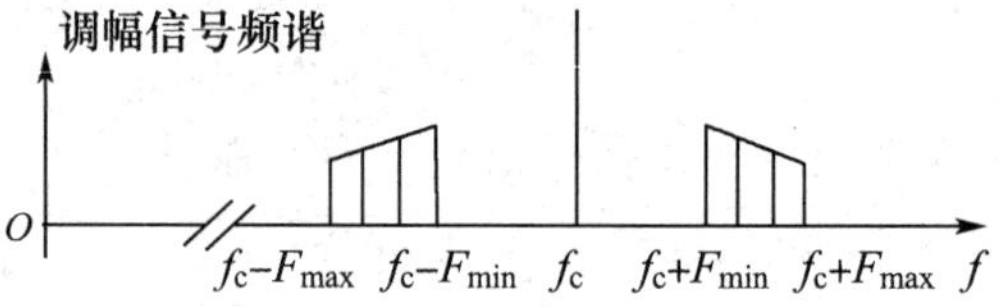

    A. 双边带　　　　　　　　　　　　　B. 上边带
    C. 下边带　　　　　　　　　　　　　D. 载波

3. 下图表示的是_____。

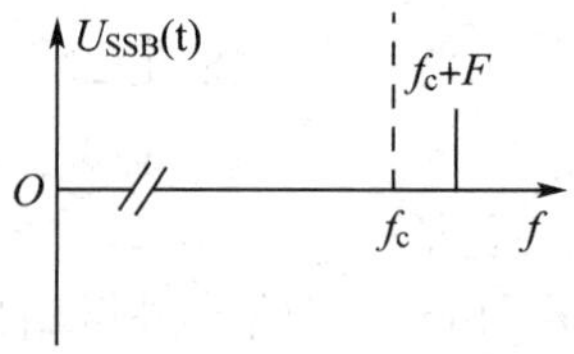

    A. 单音频调制 SSB 信号频谱图　　　　B. 单音频调制 SSB 信号波形图
    C. 多音频调制 SSB 信号波形图　　　　D. 多音频调制 SSB 信号频谱图

4. 下面两幅图都是船用 MF/HF 接收机接收保护电路。它们从左到右分别是_____

和_____。

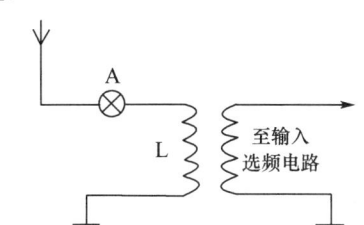

A. 分压保护电路;分流保护电路 B. 二极管限幅保护电路;陷波器滤波保护电路
C. 继电器保护;分流保护电路 D. 陷波器滤波保护电路;分压保护电路

5. 单边带信号应在_____电路中形成。
①激励器;②中放;③功放
A. ① B. ②
C. ③ D. ②③

6. 下图是滤波法产生 SSB 信号原理图,图中①、②、③分别代表_____。

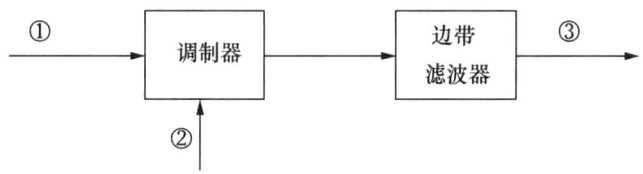

A. 调制信号、载波、单边带信号 B. 载波、单边带信号、调制信号
C. 调制信号、单边带信号、载波 D. 单边带信号、载波、调制信号

7. 当发射种类为 J3E、R3E 和 H3E 时,SSB 发射机的额定输出功率用_____表示;当发射种类为 F1B/J2B 时,输出功率用_____表示。
A. 峰包功率;平均功率 B. 峰包功率;峰包功率
C. 平均功率;平均功率 D. 平均功率;峰包功率

8. 下图表示的是边带滤波器幅频特性,图中①、②、③、④和⑤依次表示的是_____。

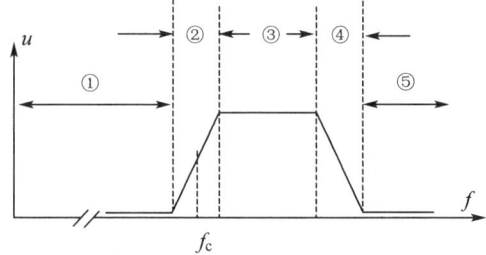

A. 阻带、过渡带、通带、过渡带、阻带 B. 通带、过渡带、阻带、过渡带、通带
C. 通带、过渡带、阻带、过渡带、通带 D. 过渡带、阻带、通带、阻带、过渡带

9. 为了满足 MF/HF SSB 发射机有关技术指标的要求,保证通信质量,单边带信号必须在_____处形成。
A. 小信号(低电平) B. 大信号(高电平)
C. 中等信号 D. 发射机的末级

10. 船用 MF/HF 接收机第一中频滤波器即带通滤波器的工作频率可以设计得很高,所以第一中频信号的数值可选择得较高,这样就有效地抑制了相对于第一混频器所产生的_____。
    A. 相频干扰和中频干扰   B. 同频干扰
    C. 邻道干扰   D. 高频干扰

11. 为了提高相对于第二混频器所产生的像频干扰和中频干扰的抑制能力,以及对邻道干扰的抑制能力,在船用 MF/HF 接收机第二混频器后面必须设置一个_____。
    A. 窄带滤波器   B. 宽带滤波器
    C. 带阻滤波器   D. 低通滤波器

12. 输入选频电路主要由 LC 滤波器、控制开关和必要的耦合元件所组成,其作用是_____。
    A. 选择有用信号抑制各种干扰   B. 放大信号
    C. 向受信终端送出信号   D. 对信号进行滤波

13. 船用 MF/HF 接收机 AGC 电路的主要作用是_____。
    A. 保证接收机的输出信号强度平稳 B. 选择有用信号抑制各种干扰
    C. 对信号进行滤波   D. 放大信号

14. AGC 控制电路主要包括 AGC 检波电路、延迟与放大电路以及_____电路,其作用是产生与接收信号强弱相对应的直流控制电压。
    A. 时间常数选择   B. 控制电压选择
    C. 控制电流选择   D. 控制模式选择

15. 在无线电信号调制方式中,_____能够很好地利用频谱,节约频率资源,而且在海上 MF/HF 通信设备中被广泛采用。
    A. 单边带调制   B. 相位调整
    C. 双边带调制   D. 频率调制

16. 在实际通信中,调制信号是由许多频率分量组成的。一般认为话音的频带宽度为_____。
    A. 300～3 000 Hz   B. 156～174 MHz
    C. 200～2 200 Hz   D. 1.6～27.5 kHz

17. 滤波法产生 SSB 信号时,通常要求边带滤波采用性能良好的_____。
    A. 晶体滤波器   B. LC 滤波器
    C. 低通滤波器   D. 高通滤波器

18. SSB 接收机最基本的技术指标是_____和_____,它们反映了 SSB 接收机接收有用信号和抑制各种干扰的能力。
    A. 灵敏度;选择性   B. 抗衰落性;稳定性
    C. 频率稳定度;选择性   D. 灵敏度;小信号选择性

19. 为减少变频过程中的非线性产物,SSB 接收机中变频次数_____。
    A. 越少越好   B. 越多越好
    C. 随发射频率改变   D. 对信号质量没有影响

20. DSC 测试呼叫的优先等级应选择_____。
    A. URGENCY   B. SAFETY
    C. ROUTINE   D. GENERAL

21. 按有关规定,MF/HF-DSC 终端必须在_____时间内与海岸电台测试一次。
    A. 3 个月   B. 1 个月
    C. 1 周   D. 1 天

22. _____的基本作用是将送受话终端送来的语音信号、NBDP 和 DSC 终端输出的含有数字信息的移频信号调制到相应的发射类型,并把该类型的信号搬移到所需的发射频率上。
    A. 激励器   B. 高频功率放大器
    C. 自动天线调谐器   D. 微机控制部分

23. MF/HF SSB 发射机功率放大器的任务就是把激励器送来的 SSB 信号放大到_____,然后经过天线调谐器馈送到天线,向外辐射。
    A. 额定功率   B. 额定电压
    C. 额定电流   D. 额定幅值

24. 船用 MF/HF 发射机与发射天线之间达到匹配,是指_____。
    A. 功放的输出电阻与其负载电阻相等,实现最大的功率输出
    B. 功放的输出电容与其负载电容相等,实现最大的电压输出
    C. 功放的输出电感与其负载电感相等,实现最大的功率输出
    D. 功放的输出电压与其负载电压相等,实现最大的电流输出

25. 根据发射种类不同,船用 MF/HF 接收机也相应有不同的解调方式。若发射普通调幅波,则接收机应采用_____;若发射调频或调相波,则接收机应采用_____;若发射 SSB 调制信号,则接收机应采用_____。
    A. 幅度检波器;鉴频器;同步检波器   B. 幅值检波器;相移检波器;同步检波器
    C. 幅移检波器;频率检波器;同步检波器   D. 同步检波器;幅度检波器;鉴频器

26. _____又称单频选择性,是指船用 MF/HF 接收机对特定干扰频率的抑制能力。
    A. 单信号选择性   B. 大信号选择性
    C. 多信号选择性   D. 特征信号选择性

27. 如果船用 MF/HF 组合电台中的船位信息超过_____h 未更新,该信息将会被组合电台自动删除。
    A. 4   B. 12
    C. 23.5   D. 24

28. 有关船用 MF/HF 组合电台自动连接系统(Automatic Connection System,ACS)描述错误的是_____。
    A. 组合电台自动连接系统采用了原来用于 NBDP 的遇险、紧急和安全频率
    B. 组合电台自动连接系统工作在 DSC 2～25 MHz 波段的一般通信频率上
    C. 组合电台自动连接系统工作频率不包括 18 MHz、22 MHz 和 25 MHz 波段
    D. 组合电台自动连接系统可以工作在 2 MHz、4 MHz、6 MHz、8 MHz、12 MHz、16 MHz 波段上

29. 如果船用 MF/HF 组合电台缺失了内部或外部的有效 GNSS 船位和计时数据,那么设备应该_____。
    A. 自动关机   B. 发出视觉或听觉指示
    C. 立即发出遇险报警   D. 拒绝报警操作

30. DSC 终端是船用 MF/HF 组合电台的重要组成部分。有关其扫描功能,以下_____描述是错误的。
    A. 所有选择的频道应在 5 s 内完成扫描
    B. 每个频道上的驻留时间应足以检测每次 DSC 呼叫之前的点阵
    C. 只有在测出 100 波特点阵时扫描才停止
    D. 扫描过程应只有在扫描接收机用于查看一个以上的 DSC 频道时停止

31. 在设计上,船用 MF/HF 组合电台接收机应能快速调至不同频率,并且在任何情况下应不超过_____s。
    A. 2   B. 3
    C. 5   D. 10

32. 从以下有关组合电台 NBDP 功能与《1974 年 SOLAS 公约》2022 年修正案之间关系描述错误的是_____。
    A. 修正案不再要求通过组合电台的 NBDP 功能进行遇险通信
    B. 修正案允许通过 NBDP 接收 MSI 和搜救相关信息的功能从组合电台中独立出来
    C. 修正案要求,航行于 A4 海区的船舶可以通过组合电台 NBDP 功能接收 MSI 和搜救相关信息
    D. 修正案把组合电台的 NBDP 功能完全被从 GMDSS 中剔除掉了

33. 船用 MF/HF 组合电台的自动连接功能是针对于_____业务开发的。
    A. 紧急通信   B. 一般无线电通信
    C. 安全通信   D. 遇险通信

34. 船用 MF/HF 组合电台 MF 接收机应能在 1 605 kHz 和 4 000 kHz 之间的整个频带上调谐,并且_____等应为操作人员随时可用频率。
    A. 话音频率 2 182 kHz,DSC 频率 2 187.5 kHz 和 2 189.5 kHz
    B. DSC 频率 2 187.5 kHz 和 2 177 kHz,NBDP 频率 2 174.5 kHz
    C. 话音频率 2 182 kHz,DSC 频率 2 187.5 kHz 和 2 177 kHz
    D. 话音频率 2 182 kHz,DSC 频率 2 187.5 kHz 和 2 177 kHz,NBDP 频率 2 174.5 kHz

35. _____主要是指船用 MF/HF 接收机对阻塞干扰、倒易混频干扰、交叉调制干扰和互调干扰的抑制能力。
    A. 单信号选择性   B. 大信号选择性
    C. 多信号选择性   D. 小信号选择性

36. 船用 MF/HF 接收机所需的本地振荡频率由高稳定度的_____提供。
    A. 频率合成器   B. LC 振荡器
    C. 铯原子钟   D. 多谐振荡器

37. 船用 MF/HF 接收机的组成主要包括从接收天线至低频放大器输出的_____;频率产生部分,即_____;_____部分,即自动增益控制和微机控制部分以及电源部分。
    A. 信号通道部分;频率合成器单元;控制
    B. 高放部分;频率合成器单元;控制
    C. 信号通道部分;晶振单元;控制

D. 信号通道部分；频率合成器单元；射频控制

38. 以双工方式工作的收、发信机，其收、发设备是同时工作的。如收、发各自采用独立的天线，并且收、发设备分别工作在不同的频率上，则系统_____。
   A. 不需要双工器 B. 需要双工器
   C. 可能需要双工器 D. 无法使用双工器

39. 维修 SSB 发射机时，如果要检查 J3E、H3E、F1B/J2B 等信号的产生情况，首先需要从_____入手，因为上述信号是在该环节形成的。
   A. 激励器 B. 高频功率放大器
   C. 自动天线调谐器 D. 控制部分

40. 维修 SSB 发射机时，如果要检查信号的放大情况，首先需要从_____入手，因为该单元承担了主要的放大任务。
   A. 单边带激励器 B. 高频功率放大器
   C. 自动天线调谐器 D. 控制部分

41. 维修 SSB 发射机时，如果要检查功放输出与发射天线之间谐振与匹配情况，可能涉及的单元是_____。
   A. 单边带激励器 B. 高频功率放大器
   C. 自动天线调谐器 D. 控制部分

42. 在检查船用 MF/HF 发射机时，如果发现发射频率不稳定，应该检查_____单元。
   A. 功率放大器 B. 天线调谐器
   C. 频率合成器 D. 搬频器

43. 如果怀疑单边带信号的形成环节出现问题，应重点检查发射机的_____单元。
   A. 激励器 B. 功放
   C. 频率合成器 D. 调谐器

44. 船舶间 VHF 设备电话通信，如果错误选用双工信道，会造成_____。
   A. 双方都可以听到对方的声音 B. 只有一方可以收听
   C. 只有一方可以发射 D. 双方都听不到对方的声音

第五节　船用 VHF 与 VHF-DSC 通信设备

1. VHF 无线电话中能进行双值守的频道是_____。
   A. CH16 与 CH70 B. CH16 与任意其他电话工作频道
   C. CH70 与任意其他工作频道 D. 一个私用频道与任意一个工作频道

2. 目前船用 VHF 设备具有的功能有_____。
   ①单边带语音功能；②调频语音功能；③NBDP 功能；④DSC 功能；⑤遇险报警功能
   A. ①②③④⑤ B. ②③④⑤
   C. ①②④⑤ D. ②④⑤

3. 目前船用 VHF 设备的天线多采用_____天线。

A. 0.5~1.5 m 的鞭状 B. 5~15 m 的鞭状
C. 0.5~1.5 m 的有源 D. 0.5~1.5 m 的抛物面

4. VHF 设备的话筒有一个按压开关(PTT)，此开关的作用是_____。

A. 按下此开关,接收机工作,发射机不工作 B. 按下此开关,接收机不工作,发射机工作
C. 按下此开关,接收机和发射机都不工作 D. 松开此开关,接收机和发射机都不工作

5. 船用 VHF 设备在以单工方式工作时,需要收、发机交替工作。这种交替工作一般通过话筒上的_____按键控制天线继电器来实现。

A. PTT B. PPT
C. DSC D. 电源

6. 船用 VHF 设备无线电话通信允许的最大频偏为_____ kHz。

A. ±5 B. ±10
C. ±15 D. ±20

7. 下图是 VHF 设备静噪电路原理框图。图中空白处应该是_____。

A. 静噪开关 B. 静噪旋钮
C. 噪声放大器 D. 滤波器

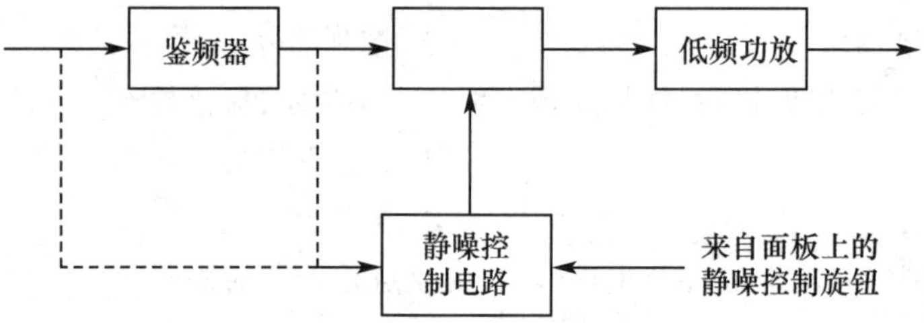

8. 根据相关要求,VHF 设备启动双值守程序后,当拿下送受话器时,双值守功能将_____；挂上送受话器,双值守功能将_____。

A. 自动关闭；自动恢复 B. 不会关闭；连续进行
C. 自动关闭；不再启动 D. 不会关闭；自动关闭

9. 根据相关国际要求,VHF-DSC 终端自检测必须_____进行一次。

A. 每日 B. 每周
C. 每月 D. 每 3 个月

10. 利用 VHF 无线电话设备可以完成的通信功能是_____。

A. NBDP B. DSC
C. 传真 D. 可视电话

11. 为保持工作环境的安静,要求在输入信噪比低于门限值时,设备能自动切断扬声器的输出；而当输入信噪比高于门限值时,再自动恢复正常输出。实现这一功能的电路就称为_____。

A. 静噪电路 B. 滤波电路
C. 自动增益控制电路 D. "预加重"

12. 在船用 VHF 设备上,有一个旋钮标着"SQ",实际上它是控制_____电路的。

A. 静噪 B. 功放
C. 高放 D. 面板亮度调整

13. 根据波段划分,甚高频(VHF)属于_____波段。
    A. 米波 B. 厘米波
    C. 毫米波 D. 分米波

14. 有关具有无线电话和 DSC 功能的船用 VHF 设备构成,以下描述最完整的是_____。
    A. 其核心设备为 VHF DSC 值守机;终端设备具体包括:PTT 送受话器、VHF DSC 终端、VHF 收发信机以及可以选配的打印机等
    B. 其核心设备为 VHF 收发信机;终端设备具体包括:PTT 送受话器、VHF DSC 终端、VHF DSC 值守机以及可以选配的打印机等
    C. 其核心设备为 VHF 收发信机;终端设备具体包括:PTT 送受话器、VHF DSC 终端、VHF DSC 值守机以及可以强制配备的打印机等
    D. 其核心设备为 VHF 收发信机;终端设备具体包括:NBDP 终端、VHF DSC 终端、VHF DSC 值守机以及可以强制配备的打印机等

15. 船舶电子电气员在维修具有无线电话和 DSC 功能的船用 VHF 设备时,在船舶大桅上发现该设备有两根天线。针对这一现象,以下描述正确的是_____。
    A. 有一根是 VHF 收发信机天线,另外一根 DSC 是值守机天线
    B. 有一根是 VHF 收发信机发射天线,另外一根是 VHF 收发信机接收天线
    C. 有一根是 VHF 收发信机主用天线,另外一根是 VHF 收发信机备用天线
    D. 有一根是 VHF 收发信机天线,另外一根是设备内置的 GPS 接收机天线

16. 具有无线电话和 DSC 功能的船用 VHF 设备,一般都需要外部连接全球导航卫星系统(GNSS)接收机。其原因是_____。
    A. 为了 VHF DSC 设备发送遇险报警;为了接收与地理位置相关的 DSC 呼叫
    B. 为了 VHF DSC 设备发射区域性呼叫;为了接收与地理位置相关的增强群呼呼叫
    C. 为了 VHF DSC 设备发射一般呼叫;为了接收与地理位置相关的增强群呼信息
    D. 为了 VHF DSC 设备发送遇险报警;为了接收与地理位置相关的无线电话呼叫

17. 有关船用具有无线电话和 DSC 功能的船用 VHF 设备常用电源的描述,以下正确的是_____。
    A. 其外接电源只能是 24 V 直流电
    B. 其外接电源只能是 110 V 或 220 V 交流电
    C. 其外接电源可以是 24 V 或 110 V 交流电
    D. 其外接电源可以是 110 V 或 220 V 交流电,也可以是 24 V 直流电

18. VHF DSC 无线电发射方式为_____。
    A. G2B B. R3E
    C. G3E D. FSK

19. 一般来讲,满足 GMDSS 要求的 VHF 设备的组成包括_____。
    ①DSC 值班接收机;②VHF 收发信机;③DSC 终端;④NBDP 终端;⑤电源;⑥送受话器;⑦EPIRB终端

A. ①②③⑤⑥ B. ①②③④⑤⑥
C. ①②③④⑤⑥⑦ D. ②③④⑥⑦

20. VHF 中,静噪电路的作用为_____。
    A. 限制低信噪比的信号通过 B. 减小接收机内部噪声
    C. 提高接收机的选择性 D. 提高中高频的增益

21. VHF 收发设备采用收-发双工器连接在天线、发射机和接收机之间,可以有效地对收、发信号隔离,保证通信时接收机不受_____的干扰或损坏。
    A. 本台发射信号 B. 中频信号
    C. 宇宙信号 D. 附近船舶电台信号

22. 根据相关要求,VHF 设备启动双值守程序后,当优先频道上无信号而附加频道有信号时,接收机会_____。
    A. 在附加信道上驻留一段时间,扫描驻留时段内无操作员人工干预时,接收机须自动切换到优先频道
    B. 立刻终止扫描程序,并且无论有无操作员人工干预,接收机将永久停留在附加频道上
    C. 立刻终止扫描程序,当无操作员人工干预时,接收机将停留在附加频道
    D. 在附加信道上驻留一段时间,扫描驻留时段内无操作员人工干预时,接收机须自动切换到 70 频道

23. 船用 VHF 通信采用_____体制。
    A. 调幅 B. 调相
    C. 调频 D. 调压

24. 船用 MF/HF-DSC 与 VHF-DSC 两者的主要区别不包括_____。
    A. 适用的呼叫对象 B. 发射点阵序列的时间规定
    C. 信息技术编码 D. 二重时间分集技术的时间间隔

25. 船用 MF/HF-DSC 与 VHF-DSC 两者的主要区别不包括_____。
    A. 工作频率 B. 检纠错技术
    C. 适用的呼叫对象 D. 发射点阵序列的时间规定

26. 船用 VHF 收发设备不包括_____。
    A. 双工器 B. 显示器
    C. 磁控管 D. 控制单元

27. 船用 VHF 设备的天线一般可以用_____检测其好坏。
    A. 万用表 B. 电笔
    C. 功率计 D. 钳形表

第六节 NAVTEX 与气象传真机

1. NAVTEX 接收机的组成包括_____。
   ①接收机;②信息处理器;③打印机;④双工器;⑤报警按钮
   A. ①②③④⑤ B. ①②③④

第六章 船舶通信系统的维护和修理

  C. ①②③⑤   D. ①②③

2. NAVTEX 接收机应满足_____。
  A. 正确接收的技术编码最多存储 72 h，且 B1、B2 的设置在断电 6 h 内不丢失
  B. 正确接收的技术编码最多存储 96 h，且 B1、B2 的设置在断电 6 h 内不丢失
  C. 正确接收的报文最多存储 72 h，且 B1、B2 的设置在断电 12 h 内不丢失
  D. 正确接收的报文最多存储 96 h，且 B1、B2 的设置在断电 6 h 内不丢失

3. 在气象传真中，每扫描完一行，再扫描另一行，这种垂直扫描称为_____。
  A. 主扫描   B. 副扫描
  C. 行扫描   D. 隔行扫描

4. 传真通信时，通过光电转换，将传真原件上的不同黑白度变成不同的电流进行传输。其中，_____。
  A. "白"的电流大，"黑"的电流小   B. "黑"的电流大，"白"的电流小
  C. "白""黑"电流一样大   D. "黑"的电流大，"白"的电流为零

5. 在气象传真中，每一行内的扫描叫作_____。
  A. 主扫描   B. 副扫描
  C. 场扫描   D. 隔行扫描

6. 有关 NAVTEX 的描述，以下正确的是_____。
  A. NAVTEX 主要负责向 A1、A2、A3 和 A4 海区播发 MSI
  B. 全球范围内，所有的沿岸地区都有 NAVTEX 业务覆盖
  C. 个别没有 NAVTEX 业务覆盖的沿岸地区，可以通过卫星系统的 EGC 业务覆盖
  D. NAVTEX 海岸电台采用窄带直接印字电报技术以 SFEC 方式播发

7. NAVTEX 海岸电台的播发方式是_____。
  A. NAVTEX 海岸电台采用窄带直接印字电报技术以 SFEC 方式播发
  B. NAVTEX 海岸电台采用窄带直接印字电报技术以 GFEC 方式播发
  C. NAVTEX 海岸电台采用窄带直接印字电报技术以 CFEC 方式播发
  D. NAVTEX 海岸电台采用窄带直接印字电报技术以 ARQ 方式播发

8. 有关 NAVTEX 的描述，以下正确的是_____。
  A. 为了与船上 ECDIS、雷达等设备信息融合，目前 NAVTEX 系统已经可以播发图形信息
  B. NAVTEX 系统只能播发文字信息
  C. 海岸电台采用 SSB 无线电话方式播发，船上 NAVTEX 接收机自动接收
  D. 海岸电台采用窄带直接印字电报技术播发，船上 NAVTEX 接收机人工或者半人工接收

9. 为了播发海上安全信息，包括 NAVTEX 信息，全球划分了 NAVAREA 和 METAREA。以下有关这两种区域描述正确的是_____。
  A. NAVAREA 和 METAREA 在地理范围大致相同，但是内部结构和划分目的有所区别
  B. NAVAREA 和 METAREA 在地理范围和内部结构上完全一样，只是名称不同
  C. NAVAREA 有 16 个，而 METAREA 目前已经有 21 个
  D. 播发航行警告时使用 METAREA，而播发气象信息和警告时使用 NAVAREA

10. 船用 NAVTEX 系统的组成是_____。

A. 信息提供和协调部门、NAVTEX 发射台和 NAVTEX 接收机
B. 信息提供和协调部门、NAVTEX 发射天线和 NAVTEX 接收机
C. 信息提供和协调部门、NAVTEX 发射台和 NAVTEX 接收天线
D. 计算机、NAVTEX 发射台和 NAVTEX 接收机

11. 在常见的船用气象传真机中,通过热敏打印头将纸上的热敏材料熔化变色,达到显现文字和图像的效果的传真机类型是_____。
    A. 激光式普通纸传真机　　　　　　B. 热敏纸传真机
    C. 热传印式普通纸传真机　　　　　D. 喷墨式普通纸传真机

12. 在常见的船用气象传真机中,通过加热转印色带使涂敷于色带上的墨转印到纸张上形成图像的传真机类型是_____。
    A. 激光式普通纸传真机　　　　　　B. 热敏纸传真机
    C. 热转印式普通纸传真机　　　　　D. 喷墨式普通纸传真机

13. NAVTEX 系统中信息的编码采用_____。
    ①ITA No.2 码;②ASCII 码;③4B/3Y 恒比码
    A. ①　　　　　　　　　　　　　　B. ②
    C. ③　　　　　　　　　　　　　　D. ①②③

14. 为了进一步避免同一个台链内部异名电台的相互干扰,NAVTEX 系统采用了时间分集的方法:把每一个 NAVAREA 区域的所有电台分为_____组,每个电台每_____工作一次,最长允许工作_____。
    A. 4;4 h;10 min　　　　　　　　　B. 6;6 h;10 min
    C. 4;4 h;15 min　　　　　　　　　D. 6;6 h;15 min

15. 传真通信的过程包含_____等步骤。
    ①信息扫描;②光电变换;③信息的传输;④分组交换;⑤收信变换;⑥扫描记录
    A. ①②③④⑤⑥　　　　　　　　　B. ①②③④⑤
    C. ①②③⑤　　　　　　　　　　　D. ①②③⑤⑥

16. 对于 NAVTEX 接收机而言,_____。
    A. 能存储 72 h 内已正确接收的报文的技术编码,且在断电 6 h 内不丢失
    B. 能存储 72 h 内已正确接收的报文,且在断电 6 h 内不丢失
    C. 能存储 24 h 内已正确接收的报文的技术编码,且在断电 96 h 内不丢失
    D. 能存储 24 h 内已正确接收的报文,且在断电 6 h 内不丢失

17. NAVTEX 系统是通过_____方法进行纠错的。
    A. 二重时间分集　　　　　　　　　B. 自动请求重复
    C. 反馈纠错　　　　　　　　　　　D. 混合纠错

18. 根据 IMO 的定义,船用 NAVTEX 分为_____两大类。
    A. 特殊业务和普通业务　　　　　　B. 国际业务和国内业务
    C. 海上业务和陆地业务　　　　　　D. 分配业务和接收业务

19. 根据 IMO 的定义,船用 NAVTEX 在实际工作中,叙述正确的是_____。
    A. 天线灵敏度选择越高越好

B. 在大风浪过后,可能出现天线断裂,操作员可以用其他天线暂时代替
C. 天线灵敏度选择越低越好
D. 对灵敏度选择没有要求

第七节 无线电救生设备、S-EPIRB 与 SART

1. 在工作状态下,_____。
   A. SART 浸入水中就发射
   B. SART 收到 X 波段雷达的触发脉冲就启动连续发射
   C. 当 SART 收到 X 波段雷达辐射脉冲触发时开始发射
   D. SART 浸水后,同时收到 X 波段雷达的触发脉冲,就连续发射

2. 卫星 EPIRB 的维护保养中应该注意_____。
   ①设备电池的有效期;②设备可充放电电池是否充满;③静水压力释放器的有效期;④设备存储托架附近不要有障碍物;⑤设备的存放容器及设备本身是否有损伤,如硬伤、龟裂等
   A. ①③④⑤   B. ①②③④⑤
   C. ①②③④   D. ②③④

3. SART 的维护保养中应该注意_____。
   ①设备电池的有效期;②设备可充放电电池是否充满;③静水压力释放器的有效期;④定期测试设备的可靠性;⑤设备的存放架及设备本身是否有损伤,如硬伤、龟裂等;⑥释放拉环是否锈蚀;⑦安装支撑杆、固定索是否完好
   A. ①④⑤⑦   B. ①③④⑤⑥⑦
   C. ①②④⑤⑥⑦   D. ①②③④⑤⑥⑦

4. SART 的基本组成包括_____。
   ①天线;②发射机;③接收机;④环形器;⑤扫描信号产生器;⑥显示器;⑦电源
   A. ①②③④⑤⑦   B. ①③④⑤⑥⑦
   C. ①②④⑤⑥⑦   D. ①②③⑤⑥⑦

5. 406 MHz EPIRB 的电池每_____更换,静水压力释放器每_____更换。
   A. 两年;四年   B. 一年;两年
   C. 四年;两年   D. 三年;三年

6. 对搜救雷达应答器电池工作时间的要求至少是_____。
   A. 待命状态 96 h,连续应答状态 8 h   B. 待命状态 96 h,连续应答状态 12 h
   C. 待命状态 48 h,连续应答状态 4 h   D. 待命状态 48 h,连续应答状态 2 h

7. 406 MHz EPIRB 电池的有效期一般为_____年。
   A. 4   B. 3
   C. 2   D. 1

8. 406 MHz EPIRB 的识别码的写入和更改,只能由_____完成。
   A. 船舶电子电气员   B. 一级电子员
   C. 二级电子员   D. 专业人员使用专业工具

9. EPIRB 使用的识别码为_____。
   A. 九位数 MMSI
   B. 三位数 MID
   C. 九位数 IMN
   D. 卫星船站识别

10. 根据《SOLAS 公约》的要求：应在不超过_____的间隔期内，对 EPIRB 的各方面操作有效性进行测试。
    A. 一个月
    B. 三个月
    C. 六个月
    D. 十二个月

11. 有关双向 VHF 无线电话设备的频率，以下描述正确的是_____。
    A. 需要具有 VHF DSC 频率
    B. 弃船时由海岸电台确定每一位救生艇艇长设备的工作频率
    C. 需要工作在 VHF 波段的所有海事移动业务信道上
    D. 需要工作在 VHF 16 信道和至少另外一个其他信道

12. 有关双向 VHF 无线电话设备备用电池，以下描述正确的是_____。
    A. 双向 VHF 无线电话设备备用电池多是锂离子电池
    B. 双向 VHF 无线电话设备备用电池是可以反复充电的
    C. 双向 VHF 无线电话设备备用电池一般是 PSC 检查的重点项目
    D. 双向 VHF 无线电话设备备用电池平时由船舶电子电气员收藏和维护

13. 有关工作在航空器紧急频率的双向无线电通信设备，以下描述正确的是_____。
    A.《1974 年 SOLAS 公约》2022 年修正案要求每艘客船均应配备该设备
    B.《1974 年 SOLAS 公约》2022 年修正案要求每艘采用了双套设备保障方案的船舶均应配备该设备
    C.《1974 年 SOLAS 公约》2022 年修正案要求每艘航行于 A4 海区的船舶应配备该设备
    D.《1974 年 SOLAS 公约》2022 年修正案要求所有船舶均应配备该设备

14. Radar-SART 工作在_____频率(信道)上。
    A. 9.2~9.5 GHz
    B. AIS1 和 AIS2
    C. 4~6 GHz
    D. 2.9~3.1 GHz

15. 有关 Radar-SART 和 AIS-SART 的异同，以下描述错误的是_____。
    A. Radar-SART 工作在 9.2~9.5 GHz，而 AIS-SART 工作在 AIS1 和 AIS2 信道上
    B. 雷达获得的 Radar-SART 数据是方位、距离数据，而 AIS-SART 数据是经纬度
    C. 由于受到传输路径的影响，Radar-SART 信息在雷达 PPI 上显示时可能出现误差，而 AIS-SART 信息传输不会受到传输路径的影响
    D. Radar-SART 和 AIS-SART 都需要在触发信号的触发下发出应答信号

16. 弃船登救生艇时，应携带的应急设备有_____。
    ①救生艇电台；②便携式 VHF 双向无线电话；③SART；④EPIRB
    A. ①②③④
    B. ①②③
    C. ②③④
    D. ②③

17. EPIRB 的静水压力释放器应每_____更换。
    A. 一年
    B. 两年

C. 四年 D. 半年

18. EPIRB 的控制开关有_____。
①热敏开关;②磁性开关;③水银开关;④海水水敏开关
A. ①②③④ B. ②③④
C. ①②③ D. ①②④

19. 根据有关规定,应_____对 EPIRB 进行测试。
A. 定期 B. 不定期
C. 不需要 D. 每周

20. COSPAS-SARSAT 系统的组成是_____。
A. 低极轨道搜救卫星、同步轨道搜救卫星和地面站
B. 搜救卫星、本地用户端和任务控制中心
C. 搜救卫星、个人示位标和紧急示位发射机
D. 搜救卫星、应急示位标和地面站

21. 406 MHz EPIRB 启动后,每_____发送一次持续时间约_____,输出功率为_____的含有数字编码信息的射频脉冲信号。
A. 50 s;0.5 s;5 W B. 50 s;0.5 s;50 W
C. 50 s;0.2 s;50 W D. 5 s;0.5 s;5 W

22. 根据性能规范,SART 在水深 10 m 时至少_____min 保持水密。
A. 5 B. 3
C. 1 D. 30

23. 在 COSPAS-SARSAT 系统中,搜救卫星包括_____。
A. 低极轨道搜救卫星和同步轨道搜救卫星
B. 本地用户搜救卫星和任务控制搜救卫星
C. 高极轨道搜救卫星和异步轨道搜救卫星
D. 应急无线电搜救卫星和紧急示位搜救卫星

24. 在 COSPAS-SARSAT 系统中,搜救卫星的作用不包括_____。
A. 给出信标标识和位置数据并传送给相应的任务控制中心
B. 实现信号变频
C. 存储与转发
D. 将收到的信标发射信号转换成 1 544.5 MHz 的下行频率

25. 下图是 SART 基本组成框图,图中空白处为_____。

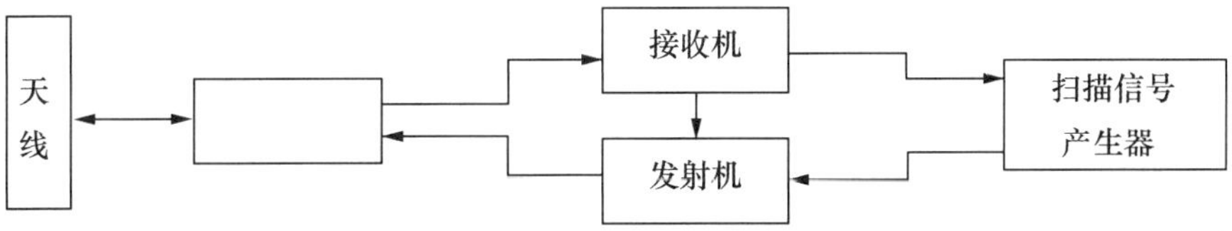

A. 环形器 B. 功放
C. 低放 D. 电源

第八节 电台的识别

1. 在 Inmarsat 系统中，F 站电话业务、B 站、C 站、M 站识别码首位数字分别是_____。
   A. 7、3、4、6   B. 7、2、3、4
   C. 7、2、4、5   D. 7、3、4、5

2. 当_____变动时，向代理机构申请及时更换 EPIRB 正确标识。
   ①船名；②呼号；③MMSI 码；④船东地址
   A. ①②③④   B. ①②③
   C. ①②④   D. ①③④

3. 国际电信联盟（the International Telecom Union，ITU）划分给我国海岸电台的呼号范围是_____。
   A. XSA～XSZ、3HA～3UZ 两个区间   B. 只有 XSA～XSZ 一个区间
   C. 只有 3HA～3UZ 一个区间   D. 只有 BAA～BZZ 一个区间

4. 国际电信联盟（the International Telecom Union，ITU）划分给我国船舶电台的呼号范围是_____。
   A. XSA～XSZ、3HA～3UZ、BAA～BZZ 三个区间   B. 只有 3HA～3UZ、BAA～BZZ 两个区间
   C. 只有 XSA～XSZ、BAA～BZZ 两个区间   D. 只有 BAA～BZZ 一个区间

5. 上海海岸电台的选择性呼叫号码是_____。
   A. 004122100   B. 2010
   C. XSG   D. SHANGHAI RADIO

6. 国际电信联盟划分给我国船舶电台的呼号范围是_____。
   A. BAA～BZZ 和 XSA～XSZ   B. BAA～BZZ
   C. 3HA～3UZ   D. XSA～XSZ

7. 如果某个电台的号码是 004563XXX，其中，字母"X"表示一位数字。那么这是一个_____电台。
   A. AIS 基站   B. AIS 中继
   C. 引航   D. 港口

8. 如果 ECDIS 上面显示某个海上物标的号码是 99412XXXX，其中，字母"X"表示一位数字。那么这个号码属于_____。
   A. 一个航标   B. 一个 EPIRB-AIS
   C. 一个航空器   D. 一艘船舶

9. _____是我国船舶电台的 MMSI。
   A. 047735000   B. 004122100
   C. 412123000   D. 219442573

10. 以下哪项是表示海岸电台的 MMSI？_____。
    A. 412124500   B. 041256300
    C. 004773500   D. 000412210

11. 以下哪项不是 Inmarsat-C 船站的 IMN？_____。
    A. 441210910　　　　　　　　　　B. 421571110
    C. 491257720　　　　　　　　　　D. 435726720
12. 以下哪项是 Inmarsat-F 船站 MPDS 业务的 IMN？_____。
    A. 764575146　　　　　　　　　　B. 341210910
    C. 600804651　　　　　　　　　　D. 441214620
13. 以下哪项是 Inmarsat-F 船站 64 kbit/s speech 电话业务的 IMN？_____。
    A. 764575146　　　　　　　　　　B. 341210910
    C. 600804649　　　　　　　　　　D. 441214620
14. 根据《无线电规则》的规定，国际电信联盟（ITU）划分给我国的船舶电台呼号范围是_____。
    A. ABB～ZBB　　　　　　　　　　B. BAA～BZZ
    C. 3HA～3UZ　　　　　　　　　　D. XSA～XSZ
15. 我国船舶电台的呼号范围是_____。
    A. AAA～AZZ　　　　　　　　　　B. XSA～XSZ
    C. BAA～BZZ　　　　　　　　　　D. CAA～CZZ
16. 根据 ITU 规定船舶呼号的组成格式，_____不符合船舶呼号的规定。
    A. 3GDC　　　　　　　　　　　　B. F4DW5
    C. BDF4　　　　　　　　　　　　D. BSDW
17. 船舶无线电通信一般分为_____两个系统。
    A. 陆地通信系统和船舶通信系统　　B. 地面通信系统和卫星通信系统
    C. 陆地通信系统和海上通信系统　　D. 地面通信系统和海上通信系统
18. 对于船舶电台标识，叙述错误的是_____。
    A. 船舶电台由两个字符和三个字母组成
    B. 在船舶通信方面，电台的呼号主要应用在莫尔斯电报通信之中
    C. 电台呼号或港口地理名称后面加"RADIO"
    D. 当中国船只与国外电台联系时，船舶名称前加"CHINESE VESSEL"

第九节　船舶通信天线

1. _____天线是目前 GMDSS 船舶采用最多的天线，原因是这种天线外形结构简单、架设容易、风阻小，维护和使用非常方便。
    A. 鞭状　　　　　　　　　　　　　B. T 型
    C. 倒 L 型　　　　　　　　　　　　D. 多顶线倒 L 型
2. 卫星船站天线控制系统的作用是_____。
    A. 控制天线益平稳　　　　　　　　B. 控制天线的辐射损耗
    C. 控制天线始终指向卫星　　　　　D. 控制天线的辐射功率
3. 船用 VHF 设备多采用_____。

A. 鞭状天线 B. 有源天线
C. 倒 L 型天线 D. 螺旋天线

4. 由于绝大多数通信天线是室外设备，安装和维修天线时需要充分考虑天线所处环境的_____等的影响。

①温度;②湿度;③风雨;④雷电;⑤振动

A. ①②③④⑤ B. ②③④⑤
C. ①③④⑤ D. ①②③④

5. 为了提高天线效率，要求尽可能_____损耗阻抗，_____天线阻抗。

A. 减少;增大 B. 减少;减少
C. 增大;增大 D. 增大;减少

6. 连接天线和发射机输出端(或接收机输入端)的电缆称为传输线或馈线。为保证设备具有较好的工况，对其技术要求是_____。

A. 具有较低的传输损耗即可

B. 具有较高的阻抗

C. 具有较好的延展性

D. 不仅具有较低的传输损耗，它本身也不应拾取或产生杂散干扰信号

7. 天线加"顶"的目的是_____。

A. 相当于增加天线有效长度，使电波辐射能力增强，提高天线辐射效率

B. 增强其机械强度

C. 增强天线工作时的灵活性

D. 提高天线辐射效率，降低天线辐射功率

8. 船舶铺设的传输线沿途一般都保持一定的垂量，到达两端时，环 3~4 圈并绑扎在船体上。这样做的原因是_____。

A. 防止热胀冷缩时传输线拉伤设备

B. 为了尽可能不剪断传输线

C. 传输线越长越好，可以增大辐射效率

D. 没有技术原因，是施工人员懒惰，没有剪断传输线

9. 以下不是船舶常用的中短波天线的是_____。

A. T 形和倒 L 形天线 B. 鞭状天线
C. 直立桅杆天线 D. 抛物面天线

10. 采用全方向性天线的 GMDSS 设备有_____。

A. MF/HF 电台 B. VHF 电台
C. Inmarsat-C 船站 D. Inmarsat-F 船站

11. Inmarsat-C 系统使用的是_____天线，形成_____覆盖。

A. 定向抛物面;全球波束+点波束 B. 定向抛物面;全球波束
C. 全向螺旋状;全球波束+点波束 D. 全向螺旋状;全球波束

12. 船上的相控阵天线通常用于_____。

A. MF/HF 设备 B. VHF 设备

C. Inmarsat-C 设备 　　　　　　　　D. Inmarsat-F 设备

13. 船舶 MF/HF 天线一般使用鞭状天线,它的长度通常为_____。
    A. 1～2 m 　　　　　　　　　　　B. 2～4 m
    C. 5～12 m 　　　　　　　　　　 D. 20 m 左右

14. 船舶 VHF 天线的长度通常为_____。
    A. 0.5～1.5 m 　　　　　　　　　B. 0.5～1.5 dm
    C. 8～10 m 　　　　　　　　　　 D. 4～6 m

15. 相控阵天线与抛物面天线相比较,其不同点在于_____。
    A. 相控阵天线控制灵活、相控阵天线跟踪速度快
    B. 抛物面天线控制灵活、相控阵天线跟踪速度快
    C. 抛物面天线控制灵活、抛物面天线跟踪速度快
    D. 相控阵天线控制灵活、抛物面天线跟踪速度快

16. 船舶常用的中短波天线主要有_____。
    ①T 形天线;②倒 L 形天线;③鞭状天线;④伞状天线;⑤直立桅杆天线;⑥鱼骨形天线;⑦抛物面天线
    A. ①②③⑤ 　　　　　　　　　　B. ①②③④⑤⑥⑦
    C. ①②③④⑤⑥ 　　　　　　　　 D. ③④⑤⑥

17. 通信天线不具有的功能是_____。
    A. 将交变的电流与空间的电磁波进行能量的转变
    B. 按所需要的工作频率、按所需要的极化和按所需要的方向,发射和(或)接收信号
    C. 可以将发射功率和(或)接收功率进行"放大"
    D. 把要发送的信息加载到高频电磁波上去

18. 鞭状天线是目前 GMDSS 船舶采用最多的天线,因为这种天线_____,维护和使用非常方便。
    A. 外形结构简单、架设容易、风阻小
    B. 尽管外形结构复杂、风阻大,但是架设容易
    C. 不仅灵敏度最高,而且架设容易、风阻小
    D. 尽管架设复杂,但是外形结构简单、风阻小

19. _____可进行标准化设计,不受具体船体空间的限制。
    A. 直立桅杆天线 　　　　　　　　B. T 形天线
    C. 倒 L 形天线 　　　　　　　　　D. 多顶线倒 L 形天线

20. _____能够把发射机传输给它的交变电路的电能转变为向空间辐射的电磁波能。
    A. 发射天线 　　　　　　　　　　B. 接收天线
    C. 收发天线 　　　　　　　　　　D. 天线调节器

21. _____能够把在空间传播的电磁波能转变为交变的电路电能送给接收机。
    A. 发射天线 　　　　　　　　　　B. 接收天线
    C. 收发天线 　　　　　　　　　　D. 天线调节器

22. Inmarsat-F 船站天线跟踪卫星的依据是_____。

A. 陀螺罗经读数 B. 船舶的位置信息(经纬度)
C. CES TDM 信号强度 D. NCS TDM 信号强度

23. 船用 MF/HF 组合电台一般多采用_____天线。
   A. 鞭状 B. 八木
   C. 有源 D. 抛物面

24. 天线极化特性通常可以分为_____等几种方式。
   ①平面极化;②圆极化;③椭圆极化
   A. ①② B. ①③
   C. ②③ D. ①②③

25. 为了进一步提高 T 形/倒 L 形天线辐射效率,常常采用多水平顶线设计。水平顶线根数_____,顶线之间距离_____。
   A. 一般不超过 6 根;不应小于 100 cm
   B. 一般不超过 4 根;不应小于 70 cm
   C. 一般不超过 4 根;不应大于 70 cm
   D. 一般不超过 6 根;不应小于 100 cm

26. 根据要求,天线对船体的绝缘电阻,在天气干燥时应不小于_____MΩ。
   A. 1 B. 5
   C. 15 D. 20

27. 船舶中波天线呈现的阻抗特性是_____。
   A. 电容性,大电阻 B. 纯阻性
   C. 电感性,小电阻 D. 电容性,小电阻

28. Inmarsat-C 天线的特点是_____。
   A. 采用方向性天线 B. 采用 T 形/倒 L 形天线
   C. 移动站天线自动跟踪系统相对比较简单 D. 不存在日凌中断现象

29. 对于船舶卫星天线的维护,下列说法不正确的是_____。
   A. 定期检查天线底座
   B. 天线罩上应定时喷油漆
   C. 船站工作时,通常距离天线 5 m 内不允许有人
   D. 进入天线罩检修时,应切断电源

30. 在船舶上,按照天线的形状可以分为_____。
   ①螺旋全向天线;②抛物面天线;③倒 T 形天线;④T 形天线;⑤倒 L 形天线;⑥直立桅杆天线
   A. ①②③④⑤ B. ②③④⑤⑥
   C. ①②③④⑥ D. ①②④⑤⑥

31. 天线自动跟踪的方法,总体可以分为_____两类。
   A. 机械跟踪和电子跟踪 B. 手动跟踪和自动跟踪
   C. 人工跟踪和遥控跟踪 D. 相控跟踪和移相跟踪

32. 在船舶上,直立桅杆天线包括_____。
   ①高频绝缘子;②桅杆;③加顶电感线圈;④加顶电容圈;⑤拉索

A. ①②③④ B. ②③④⑤
C. ①③④⑤ D. ①②④⑤

33. 发射机与发射天线之间达到匹配,是指_____。
    A. 功放的输出电阻与其负载电阻相等,实现最大的功率输出
    B. 功放的输出电容与其负载电容相等,实现最大的电压输出
    C. 功放的输出电感与其负载电感相等,实现最大的功率输出
    D. 功放的输出电压与其负载电压相等,实现最大的电流输出

34. 对于船舶卫星天线的维护保养,下列说法错误的是_____。
    A. 定期检查天线底座
    B. 船站工作时,距离天线 5 m 内不允许有人
    C. 进入天线罩检修时,应切断电源
    D. 天线罩上可喷油漆

35. 关于船舶通信设备天线日常维护与保养,下列哪些说法正确?_____。
    ①应定期对船舶通信设备天线进行检查、维护和保养;②应定期给地面通信系统设备的天线拉线、卸扣等上黄油,以免拉线被腐蚀;③检查天线绝缘子有无破损;经常清理绝缘子上的积灰,提高绝缘度;④检查卫星船站天线进口水密;机械传动部分可适当加润滑油;⑤定期给船站天线外罩涂油漆
    A. ①②③④ B. ①②③⑤
    C. ②③④⑤ D. ①③④⑤

第十节 GMDSS 备用电源

1. 在《SOLAS 公约》中,船舶已配备符合相关要求的应急发电机时,对 GMDSS 备用电源的要求是_____。
   A. 应独立于船舶主电源,其容量应确保 GMDSS 设备连续工作 1 h
   B. 应独立于船舶主电源,其容量应确保 GMDSS 设备连续工作 2 h
   C. 应独立于船舶主电源,其容量应确保 GMDSS 设备连续工作 3 h
   D. 应独立于船舶主电源,其容量应确保 GMDSS 设备连续工作 4 h

2. 根据《SOLAS 公约》的要求,船舶配备应急电源但应急电源不完全符合要求,此种情况下,对通信备用电源的容量要求是确保 GMDSS 设备连续工作_____ h。
   A. 12 B. 6
   C. 2   D. 1

3. GMDSS 设备直流 24 V 备用电源应该由_____供电。
   A. GMDSS 专用电瓶 B. 机舱通用设备应急电瓶
   C. 船电 D. 船舶应急电源

4. GMDSS 安置电瓶的舱室必须注意空气流通,因为_____。
   A. 充电电流会引起分解水的作用,结果在正负极板上有氧气和氢气冒出
   B. 充电电流电瓶温度激增,可能使电瓶容器融化
   C. 充电电流会引起分解水的作用,结果在正负极板上有大量水蒸气冒出
   D. 充电电流电瓶温度激增,可能烧毁极板

5. 船舶 GMDSS 设备的备用电源是_____。
   A. 机舱通用设备应急 24 V 蓄电池
   B. 电台 24 V 蓄电池
   C. 机舱低压配电板至驾驶台的一组直流 24 V 电源(将交流电压经过降压整流后变成的低压 24 V 直流电)
   D. 应急配电板至驾驶台的一组直流 24 V 电源(将交流电压经过降压整流后变成的低压 24 V 直流电)

6. GMDSS 备用电源必须供电的设备是_____。
   A. 带有 DSC 功能的 VHF 设备   B. 带有 DSC 功能的 MF/HF 设备
   C. Inmarsat-C 船站   D. Inmarsat-F 船站

7. 下列关于 GMDSS 备用电源的叙述,正确的是_____。
   A. 辅助性电源必须与船舶电力系统相结合才能发挥作用
   B. 必须独立于船舶的动力系统和电力系统
   C. 必须同时给船舶卫星通信系统和地面通信系统供电
   D. 一般由应急发电机组成

8. 关于船舶 GMDSS 设备的备用电源,叙述正确的是_____。
   A. 救生艇上的蓄电池组,24 V 直流电源供电
   B. 专用电台蓄电池供电
   C. 全船报警系统的蓄电池组,24 V 交流电源供电
   D. 机舱通用设备的应急电瓶,24 V 交流电源供电

9. 对新的酸性蓄电池充电,在加满电解液后通常需要等待 4 h,目的是_____。
   ①保证酸性蓄电池的活性物质被电解液浸透;②便于化学反应进行得更彻底;③让电解液冷却
   A. ①②   B. ①③
   C. ②③   D. ①②③

10. 船舶通信设备的备用电源容量一般都在_____以上。
    A. 180 Ah   B. 180 mAh
    C. 1 800 mAh   D. 18 Ah

11. 铅酸电池充电后测量电解液,相对密度应当在_____,如果不在此范围内,需要重新调整电解液密度。
    A. 1.27~1.30   B. 1.00~1.27
    C. 1.30~1.37   D. 1.17~1.27

12. 以下有关 GMDSS 电源描述正确的是_____。
    A. GMDSS 电源分为主电源一般是 380 V 交流电
    B. GMDSS 备用电源一般是一部小型发电机
    C. GMDSS 电源分为主电源、应急电源和备用电源
    D. GMDSS 电源分为主电源、不间断电源

13. 对于配备或者没有配备完全符合《1974 年 SOLAS 公约》有关规定的应急电源的船舶,其备用

电源需要能够向无线电装置分别供电_____ h 或者_____ h。
A. 4;8　　　　　　　　　　　　　　B. 1;6
C. 6;12　　　　　　　　　　　　　　D. 12;24

14. 在实践工作中，如果船舶备用电源为铅酸电池组，一般情况下其容量应至少为_____。
A. 10 000 mAh(毫安时)　　　　　　B. 200 Ah(安培时)
C. 144 Ah(安培时)　　　　　　　　D. 60 Ah(安培时)

15. 关于船舶通信设备备用电源的说法，正确的是_____。
A. 备用电源必须同时独立于船舶电力系统和船舶动力推进系统
B. 备用电源独立于船舶电力系统即可
C. 备用电源独立于船舶动力推进系统即可
D. 备用电源独立于船舶电力系统或船舶动力推进系统之一即可

16. 船舶通信设备备用电源的输出电压通常为_____。
A. 24 V　　　　　　　　　　　　　B. 12 V
C. 110 V　　　　　　　　　　　　　D. 220 V

17. 配备合格应急发电机的船舶，要求其通信设备备用电源连续供电时间为_____ h。
A. 1　　　　　　　　　　　　　　　B. 6
C. 24　　　　　　　　　　　　　　　D. 4

18. 没有配备合格应急发电机的船舶，要求其通信设备备用电源连续供电时间为_____ h。
A. 1　　　　　　　　　　　　　　　B. 6
C. 24　　　　　　　　　　　　　　　D. 4

19. 船舶铅蓄电池电解液液面降低，补充液面时应该加的是_____。
A. 纯酸　　　　　　　　　　　　　　B. 纯碱
C. 纯水　　　　　　　　　　　　　　D. 稀硫酸

20. 酸性蓄电池的容量一般以_____放电率的安培小时(Ah)作为单位，碱性蓄电池以_____放电率的安培小时(Ah)作为单位。
A. 10 h;8 h　　　　　　　　　　　　B. 8 h;10 h
C. 12 h;8 h　　　　　　　　　　　　D. 8 h;12 h

21. 配有应急发电机的船舶和没有配备应急发电机的船舶对于船舶通信备用电源工作时间的要求是不同的，前者要求通信备用电源连续工作的时间是_____，后者则要求连续工作_____。
A. 1 h;6 h　　　　　　　　　　　　　B. 30 min;3 h
C. 6 h;12 h　　　　　　　　　　　　D. 12 h;24 h

22. 关于船舶通信备用电源的说法，下列说法错误的是_____。
A. 船舶通信备用电源独立于船舶电力系统和船舶动力推进系统
B. 当船舶电力和动力推进系统都无法正常工作时，船舶通信备用电源仍可正常工作
C. 船舶通信备用电源一般是指蓄电池组
D. 船舶通信备用电源一般为交流电

23. 正常使用的酸性蓄电池液面下降时，应补充_____。

A. 浓硫酸 B. 稀硫酸
C. 电解液 D. 蒸馏水

24. 船舶机舱低压配电板至驾驶台有一组 24 V 直流电源,是将交流电源经过降压整流后变成低压 24 V 直流电,在连接线时_____。

A. 可以与船舶 GMDSS 设备的蓄电池 24 V 直流电源并联连接

B. 一定要与船舶 GMDSS 设备的蓄电池 24 V 直流电源串联连接

C. 不能将船舶 GMDSS 设备的直流供电接入此电源

D. 一定要将船舶 GMDSS 设备的直流供电接入此电源

第十一节　其他通信技术

1. 真正实现全球覆盖的卫星通信系统是_____。
   A. Inmarsat 系统　　　　　　B. Iridium 系统
   C. Thuraya 系统　　　　　　D. Intelsat 系统

2. 北斗系统除了定位、导航和精密授时功能外,还具有_____功能。
   A. 电话通信　　　　　　　　B. 短报文通信
   C. 传真通信　　　　　　　　D. 高速数据传输

3. 以下有关 V-SAT 卫星网络描述正确的是_____。
   A. V-SAT 只是一种组网方式,并且其初衷是服务于陆地用户的
   B. V-SAT 卫星网络已经得到 IMO 和 IMSO 认可,成为 GMDSS 业务提供商
   C. V-SAT 卫星网络的语音业务可以分为常规、安全、紧急和遇险等 4 个优先级别
   D. V-SAT 是一种专门服务于海洋用户的先进卫星通信方式

4. 北斗报文服务系统的区域短报文单次通信能力可以达到_____。
   A. 40 个汉字(320 bit)　　　　B. 40 个汉字(560 bit)
   C. 1 000 个汉字(8 000 bit)　　D. 1 000 个汉字(14 000 bit)

5. 在 Inmarsat-FB 的 Fleet Safety 业务中,遇险聊天室的最大特点是_____。
   A. 参与人只要加入,可以轻松翻阅加入之前的聊天信息
   B. 系统为参与人提供了轻松的聊天氛围
   C. 参与人可以随时退出聊天室
   D. 参与人可以以语音形式参与聊天

参考答案

第一节　电磁波

1. C　2. A　3. C　4. A　5. A　6. A　7. A　8. D　9. B　10. C
11. B　12. A　13. D　14. C　15. C　16. D　17. D　18. D　19. D　20. D

21. D	22. D	23. D	24. D	25. D	26. A	27. A	28. A	29. B	30. A
31. A	32. A	33. A	34. A	35. C	36. C	37. A	38. C	39. A	40. B
41. C	42. C	43. D	44. A						

第二节　GMDSS 概述

1. C	2. C	3. A	4. C	5. A	6. A	7. C	8. A	9. D	10. C
11. C	12. A	13. D	14. D	15. D	16. A	17. B	18. B	19. B	20. B
21. A	22. D	23. C	24. A	25. A	26. A	27. D	28. A	29. B	30. C
31. A	32. D	33. A	34. D	35. C	36. C	37. C	38. C	39. C	40. D
41. B	42. B								

第三节　Inmarsat 通信系统

1. B	2. D	3. C	4. A	5. D	6. B	7. A	8. D	9. D	10. D
11. D	12. D	13. A	14. A	15. A	16. A	17. A	18. A	19. A	20. A
21. A	22. D	23. B	24. C	25. B	26. A	27. A	28. D	29. A	30. D
31. D	32. C	33. C	34. A	35. A	36. C	37. A	38. A	39. C	40. A
41. C	42. D	43. D	44. A	45. A	46. B	47. B	48. B	49. A	50. C
51. B	52. A	53. D	54. C	55. D	56. B	57. A	58. C	59. D	60. A
61. A	62. A	63. C	64. A	65. D	66. B	67. D			

第四节　MF/HF 组合电台

1. B	2. B	3. A	4. A	5. A	6. A	7. A	8. A	9. A	10. A
11. A	12. A	13. A	14. A	15. A	16. A	17. A	18. A	19. A	20. B
21. C	22. A	23. A	24. A	25. A	26. A	27. A	28. B	29. B	30. A
31. C	32. D	33. B	34. C	35. C	36. A	37. A	38. A	39. A	40. B
41. C	42. C	43. A	44. D						

第五节　船用 VHF 与 VHF-DSC 通信设备

1. B	2. D	3. A	4. B	5. A	6. A	7. A	8. A	9. A	10. B
11. A	12. A	13. A	14. B	15. A	16. A	17. D	18. A	19. A	20. A
21. A	22. A	23. C	24. C	25. B	26. C	27. C			

第六节 NAVTEX 与气象传真机

1. D   2. A   3. B   4. A   5. A   6. C   7. C   8. B   9. A   10. A
11. B   12. C   13. C   14. A   15. A   16. A   17. A   18. B   19. B

第七节 无线电救生设备、S-EPIRB 与 SART

1. C   2. A   3. A   4. A   5. C   6. A   7. A   8. D   9. A   10. D
11. D   12. C   13. A   14. A   15. D   16. D   17. B   18. B   19. A   20. D
21. A   22. A   23. A   24. A   25. A

第八节 电台的识别

1. A   2. B   3. A   4. D   5. B   6. B   7. C   8. A   9. C   10. C
11. C   12. C   13. C   14. B   15. C   16. C   17. B   18. A

第九节 船舶通信天线

1. A   2. C   3. A   4. A   5. A   6. D   7. A   8. A   9. D   10. C
11. D   12. D   13. C   14. A   15. A   16. A   17. D   18. A   19. A   20. A
21. B   22. D   23. A   24. D   25. B   26. B   27. D   28. D   29. B   30. D
31. A   32. D   33. A   34. D   35. C

第十节 GMDSS 备用电源

1. A   2. B   3. A   4. A   5. B   6. A   7. B   8. B   9. D   10. A
11. A   12. C   13. B   14. C   15. A   16. A   17. A   18. B   19. C   20. A
21. A   22. D   23. D   24. C

第十一节 其他通信技术

1. B   2. B   3. A   4. D   5. A